《艺术之约》（音乐卷）

主　编／音　渭　景作人

艺术之约

Tchaikovsky

柴可夫斯基

李响 刘昕 编著

山西出版传媒集团
山西教育出版社

图书在版编目（CIP）数据

柴可夫斯基 / 音渭，景作人主编；李响，刘昕编著. -- 太原 :山西教育出版社，2015.9

（艺术之约）

ISBN 978-7-5440-5889-6

Ⅰ.①柴… Ⅱ.①音… ②景… ③李… ④刘… Ⅲ.①柴可夫斯基，P.（1840-1893）-传记 Ⅳ.①K835.125.76

中国版本图书馆CIP数据核字(2015)第054125号

艺术之约 · 柴可夫斯基

（YISHU ZHI YUE CHAIKEFUSIJI）

音渭、景作人 主编 李响、刘昕 编著

出 品 人 雷俊林

策 划 人 孙 轶 魏雪萍

责任编辑 任 苑

装帧设计 王春声

出版发行 山西出版传媒集团 · 山西教育出版社

（地址：太原市水西门街馒头巷7号 电话：0351-4729801 邮编：030002）

印　　装 山西臣功印刷包装有限公司

开　　本 889×1194 1/32

印　　张 6.875

字　　数 105千字

版　　次 2015年9月第1版 2015年9月山西第1次印刷

书　　号 ISBN 978-7-5440-5889-6

定　　价 28.90元

来赴一场艺术之约

（代序）

每个人都与艺术有缘。

不管你是否懂音乐，总会有一些动人的旋律在你人生经历的各个场合一次次响起，种进你的心里。

不管你是否爱音乐，总会有一些耳熟能详的名字被一次次提起，深深刻在你的脑海里，构成你的基本常识。

总有一次次的邂逅，你愕然发现某一段熟悉的旋律是来自某一位音乐巨匠的某一首经典名曲，恰如卯榫，完成了超越时空的契合。

永恒的作品，永恒的作者，是伴随我们的文明之路一直前行的。而这套书，便是一封跨越世纪的邀请函，翻开它，来赴一场艺术之约。

它讲的是音乐家的人生，同时用人生的河流串起每一处绝妙的风景，即音乐家们的作品。他们的生命从哪里开始，他们有怎样的家庭、怎样的童年、怎样的爱情、怎样的病痛，又怎样成长、怎样探索、怎样谋生，那些伟大的作品又是在什么情况下诞生……你会在这里一一找到答案。

他们其实不是艺术圣坛上那一张用来膜拜的画像，而是跟我们每个人一样，有血有肉，有哀有乐。巴赫一生与两位妻子结婚，生有 20 个子女，但只有 10 个成活；天才的莫扎特只有短短 35 年的人生，而舒伯特更短，只有 31 年；瓦格纳娶了李斯特的女儿；勃拉姆斯是舒曼的学生；贝多芬中年失聪；舒曼饱受精神病的折磨……每一首曲子，都不再是唱片上的音符，而是与鲜活的生命相联系。你从未如此真切地感受那些乐曲是由怎样的双手来谱写和演奏的。

当这许多位音乐家汇集到一起，便串起了一部音乐史，他们是音乐史的链条上最璀璨的珍珠。每一位艺术家都不是孤立的，而是互相呼应，他们是自己的传主，同时又是其他传主的背景。有时，几位名家同时出现或前后承接，你会发现他们在时间和空间上竟如此相近，你仿佛来到了 19 世纪维也纳的鼎盛时期，教堂的管风琴、酒馆的乐队、音乐厅的歌剧、贵族城堡的沙龙，处处有音乐缭绕。你与他们擦肩而过，他们正在去宫廷演奏的路上，正在教堂指挥着唱诗班，正在学院与其他派别争论。

你的音乐素养不再停留在几段旋律、几个名字上，你与艺术的联系更加紧密。你会在一场音乐会上等待最精彩的乐章，你会在子女接受音乐教育时找出最经典的练习曲，你会在某个地方旅行时说出哪位音乐家曾与你走过同一段路。

更重要的——你会更加深刻地感受到艺术的美好，享受精神的盛宴。贝多芬的《命运交响曲》，那雷霆万钧的激昂力量；舒伯特的《小夜曲》，那如银河繁星般浪漫的梦境；瓦格纳的《婚礼进行曲》，那如天宫圣殿般的纯洁神圣；柴可夫斯基的《第一交响曲》，那如海上旭日般的华美绚烂……

林　锜

2015 年 6 月于北京

目　录

附录：

第 1 章：初识音乐，为之献身

天才的诞生

1840 年初，这是宁静的一天，伊里亚看着妻子逐渐隆起的腹部，心中充满了甜蜜。伊里亚·彼得洛维奇·柴可夫斯基是沃特金斯克矿区一个官办冶金厂的厂长，而妻子怀着的这个孩子是他的第三个孩子。这个中等贵族家庭的顶梁柱想："这要是个男孩就好了，我可以送他到学校念书，将来让他成为一个比我还要厉害的商人或者政客，光宗耀祖。"但是他绝对不会想到，妻子的肚子里孕育着怎样一个神奇的生命，他将为俄国的音乐发展提供多大的推进作用。现在伊里亚要做的，就是好好照顾妻子，等待着新生命的降临。

俄国人的名字一般由三节组成，如伊里亚·彼得洛维奇·柴可夫斯基，伊里亚为本人名字，彼得洛维奇为父名，柴可夫斯基为姓。妇女姓名多以娃、娅结尾。妇女婚前用父亲的姓，婚后多用丈夫的姓，但本人名字和父名不变。

5 月的一天，伊里亚在一天的操劳之后回到了自己的家。家中妻子亚历山德拉挺着大肚子正在阳台上休憩，而他的另外两个孩子则在母亲身边嬉戏，一切都是那么和谐。伊里亚坐到沙发上点了一支烟，静静地抽着，想象着新的孩子，新的生活。

5 月 7 日，随着一声啼哭，伊里亚终于迎来了一个男婴——我们的小彼得，未来的大作曲家！他给自己的孩子起名叫作彼得·伊里亚·柴可夫斯基，现在伊里亚的愿望终于实现了，他得到了一个男孩。无疑，有着父亲喜爱的童年是幸福的，小彼得有一个和睦美满的家庭，而且家里的经济实力也足够他和他的兄弟姐妹们接受一定的教育。

父亲伊里亚早年毕业于矿山学校，此后担任过矿山学校的教师，当过工程师和矿场总管。住在矿区附近的人都称赞他是一位善良、谦逊、和蔼可亲而且正直的人。这样的人在矿区自然是很受欢迎，而且作为领导，他没有当时俄国官员的官僚习气，十分亲民，这也让他和几乎所有认识的人都有着很好的关系。

小彼得的母亲叫作亚历山德拉·安德烈耶夫娜，是一位法国移民的女儿，祖辈移居于此是由于法国大革命的迫害。她是一个大家闺秀，从小就接受了很好的教育，在文学和音乐方面很有修养，能讲一口流利的法语和德语。这样一个母亲也让柴可夫斯基从小就受到了熏陶，拥有良好的教养。亚历山德拉还很喜欢弹琴唱歌，性格非常开朗活泼。她喜欢将小彼得唤作“彼埃尔”，来表现自己对他的喜爱之情。

彼得的家庭是个大家庭，他有两个哥哥尼古拉和伊利波特，一个可爱的妹妹亚历山德拉，以及一对孪生弟弟阿纳托里和莫杰斯特。由于彼得的母亲是父亲的第二任妻子，因此小彼得还有一个早早就出嫁离开家的同父异母的姐姐。

因为母亲的缘故，小彼得家里面经常会举办一些家庭活动或者是邀请一些客人来家里举行宴会，这时大家往往会弹琴唱歌，非常热闹。母亲的歌声十分甜美，所有的宾客都很喜欢。彼得·柴可夫斯基幼年时经常听母亲哼唱一首名叫《夜莺》的歌，那低回婉转的歌声给他留下了非常深刻的印象。以至于他一生中每当听到这个旋律，便会想起他挚爱的母亲，不禁热泪盈眶。无论之后走向何处，这首歌曲的旋律总是会在他脑海中萦绕不止。可以说母亲弹琴唱歌的兴趣爱好一定程度上为我们的大作曲家走上音乐道路发挥了启蒙作用，她独有的受教育经历和教养也让柴可夫斯基从小就受到了系统的训练。但是最大的功劳还不是母亲的，慢慢发掘小彼得的敏感神经和对于音乐喜爱的第一个人应该是他幼年时的女家庭教师芬妮。

1844 年，母亲给尼古拉和她的侄女丽迪亚请来了一位法国女家庭教师芬妮·裘尔巴赫来教导他们阅读和学习。彼得坚持要和他们一起上课。柴可夫斯基家的孩子们从小就被培养成按照规定的作息时间学习、玩耍的习惯。小彼得非常勤奋好学，也很聪明，每当芬妮给大家阅读文学作品时，他总是听得特别认真，聚精会神，生怕错过什么；然而一到了玩耍时间，他的鬼点子又最多，总是可以玩得很尽兴。每次大家轮流讲故事的时候，天资聪颖的小彼得经常给大家讲得绘声绘色，引人入胜。彼得六岁时就能流

柴可夫斯基一家（左一为幼年的柴可夫斯基）

畅地阅读法文和德文书籍；七岁时便能用法文写诗。但是细心的芬妮却发现这个聪明可人的小人儿却有一颗非常敏感、极为脆弱的“玻璃心”。“彼得实在敏感得过分，因此不得不十分小心地对待他。微不足道的小事都会刺伤他。他是一个‘脆弱的’孩子。谈不上惩罚他的问题，哪怕稍加批评，比如别的孩子毫不在意的一个责备字眼，他都会记在心中，并使他感到惊恐不安……”因此芬妮一直对小彼得呵护有加，生怕伤害了他。

有一次过节，家里来了许多客人，整个晚上所有人都在弹琴、唱歌、欣赏音乐，大人和孩子都玩得很高兴。可是晚会快结束时，芬妮发现小彼得不见了踪影，赶忙跑去儿童间寻找。她发现小彼得正躺在床上，眼里闪着泪花。芬妮赶紧去抚慰他，询问到底发生了什么，他哭着说：“啊，这音乐，这音乐……”其实当时音乐声早已停止了。“快把这音乐赶走吧，它总是在我这里，它就在这里！”小彼得指着自己的头抽泣着说，“它让我静不下来！”芬妮此时有种预感——这孩子将来可能会与音乐有很大的缘分。

小彼得经常会一个人坐在阳台上，静静地听着远处渔舟上不时传来的渔民凄婉低沉的歌声，他一动不动，无论谁叫他都听不到，谁也没办法把他从阳台带进卧室，好像那歌声把他的魂都勾走了。小彼得小时候最喜欢的东西是父亲房间里的那个大大的八音盒。他常常从里面听到许多美妙动人的歌曲，每当听到这些歌曲，他整个人就会非常愉快。他第一次听莫扎特的歌剧《唐璜》中的咏叹调就是从这个八音盒中听到的，他非常喜欢这首曲子，大概他一生对于莫扎特的崇拜与喜爱就是从这个时候开始的。

小彼得 5 岁时，家里为他请来了一位钢琴教师——玛利亚·玛尔柯夫娜·帕里契柯娃。小彼得学得很认真，每天一连几个小时坐在钢琴前，再加上他与生俱来的音乐天赋，只用了两三年时间就可以和老师一样能识谱了。

莫扎特（1756—1791），欧洲最伟大的古典主义音乐作曲家之一。35 岁便英年早逝的莫扎特，留下的重要作品总括当时所有的音乐类型。在钢琴曲和小提琴曲的创作方面，他无疑是一个天分极高的艺术家，谱出的协奏曲、交响曲、奏鸣曲、小夜曲、嬉游曲等成为后来古典音乐的主要形式，他同时也是歌剧方面的专家，他的成就至今不朽。

八音盒于1796年由瑞士人发明，它的发音部分由滚筒和簧片两部分组成。八音盒的制作技艺精湛，其清澈、透亮的音质给人们带来美妙的享受。

《唐璜》是19世纪浪漫主义诗人拜伦的代表作，是一部长篇诗体小说，通过描写主人公唐璜在西班牙、希腊、土耳其、俄国和英国等不同国家的生活经历，展现了19世纪初欧洲的现实生活，尖锐抨击了欧洲封建势力和君主政体。

咏叹调即抒情调。这是一种配有伴奏的一个声部或几个声部以优美的旋律表现出演唱者感情的独唱曲，它可以是歌剧、轻歌剧、神剧、受难曲或清唱剧的一部分，也可以是独立的音乐会咏叹调。咏叹调有许多通用的类型，是为发挥歌唱者的才能并使作品具有对比性而设计的。

莫扎特肖像

其实在上这些钢琴课之前，小彼得已经非常喜爱手摇风琴演奏的曲调《唐·乔凡尼》、贝里尼和唐·尼采蒂的歌剧中的曲调，并设法把这些曲调都在钢琴上弹奏出来。之后，有一位波兰客人向小彼得介绍了肖邦的玛祖卡，这孩子竟然就自学弹出了两首玛祖卡。

玛祖卡是波兰的两种民间舞曲玛祖尔和玛祖列克（用玛祖尔舞曲体裁写成的音乐作品）流传到法国后的通称 。18 世纪起逐渐流行于欧洲各国，并按法国习惯统称为玛祖卡。各国的宫廷舞会和舞剧编导们根据波兰玛祖尔舞整理加工的舞会舞蹈和舞台形式，也都称为玛祖卡。音乐节奏为中速的三拍子，重音变化较多，以落在第二、三拍上较为常见。舞蹈活泼、热烈。舞步以滑步，脚跟碰击，男的单腿跪、女的绕行以及双人旋转等为主。舞剧《莱蒙达》《天鹅湖》，歌剧《伊凡·苏萨宁》中都有玛祖卡。肖邦曾以此音乐体裁写成多部名作流传于世。

手摇风琴

1848年，伊里亚·彼得洛维奇·柴可夫斯基以少将的军衔离开了政府岗位，他退休后全家人先迁居莫斯科，后又移居圣彼得堡。他们忠心的女家庭教师芬妮被辞退了，尼古拉和彼得被送进了学校。彼得还跟着一位很不错的教师上些音乐课并且会被带去听些歌剧。可是之后的疾病和父亲的新调任导致小彼得与家人分离，加上音乐学习的被迫中断，给小彼得的生活带来了很大的打击。这一切直到父亲在1852年再次退休才得以缓解。

歌剧是将音乐（声乐与器乐）、戏剧（剧本与表演）、文学（诗歌）、舞蹈（民间舞与芭蕾）、舞台美术等融为一体的综合性艺术，通常由咏叹调、宣叙调、重唱、合唱、序曲、间奏曲、舞蹈场面等组成（有时也用说白和朗诵）。早在古希腊的戏剧中，就有合唱队的伴唱，有些朗诵甚至也以歌唱的形式出现；中世纪以宗教故事为题材，宣扬宗教观点的神剧等亦层出不穷。但真正称得上“音乐的戏剧”的近代西洋歌剧，却是16世纪末、17世纪初，随着文艺复兴时期音乐文化的世俗化而应运产生的。

求学法律学校

1850 年 8 月，母亲带着 10 岁的小彼得来到了圣彼得堡，把他送到了当地的一所法律学校读预科。在当时的环境下，就算他们看到了柴可夫斯基的音乐天赋，也不能完全把宝压在音乐上面。对于这些中产阶级家庭来说，把孩子送到法律学校读法律才是快速进入上层社会的方式。而且，这个法律学校是一所上流社会的寄宿制学校，可以锻炼小彼得的独立生活能力，并使其结交更多上流社会的人。但是小彼得生性脆弱，很依赖父母，这着实让母亲很头疼，所以为了帮助儿子更好地适应新环境，母亲留在圣彼得堡住了将近两个月。

在母亲相伴的日子里，小柴可夫斯基总是会央求和母亲待在一块儿，而不愿去上学。有时候拗不过他，母亲就带着他去歌剧院看歌剧。说来也怪，明明很烦躁的小彼圣彼得堡市是俄国著名城市，建于 1703 年。在俄国历史上，圣彼得堡也是一座英雄的城市，位于普里涅夫低地的西部、涅瓦河和芬兰湾的汇合处——涅瓦河口三角洲列岛上。

得一听到音乐就会立刻安静下来，一句话也不会多说，也不会哭着要妈妈了。

但是，即使母亲再舍不得小彼得也终有一别，两个月后，母亲终于下定决心离开圣彼得堡回家了。小柴可夫斯基无论怎样哭喊都无济于事，他紧紧揪着母亲的衣角不放，人们只得将他硬生生地拽开。他在母亲的马车后面追了很久，直到再也看不到了，才明白一件事情：以后的生活就要靠自己了。但是，他还是很难适应法律学校的生活。初次独自离开家的他很想念家中的钢琴，家中的父母，家中的兄弟姐妹。而且，他还十分想念芬妮小姐，想念跟着她读书的日子。这种思念之情让他越来越孤僻，小彼得想："要是再看不到家人，我就要爆炸了！"

1852 年 5 月，老柴可夫斯基退休，靠退休金和储蓄维持生活，全家人在圣彼得堡定居。终于，柴可夫斯基可以和家人一起生活了。此时他已读完预科，顺利进入了法律学校；他也逐渐适应了这种学习模式，开始认真读书，成绩一直很好。

柴可夫斯基在法律学校学习一直很认真，就算是枯燥无味的课程，他也能够一丝不苟。这得益于他从小良好的家教。当时法律学校将音乐列为选修课程，在这里他初次正式学习音乐课。有一次大家一起欣赏了乐曲《海鸥》后，柴可夫斯基立即在钢琴上凭记忆弹出了整首曲子，令大家对他赞叹不已。从那时起，柴可夫斯基开始尝试着写曲。他经常去剧院欣赏歌剧，尤其钟情于莫扎特和格林卡的歌剧。意大利歌舞剧团在圣彼得堡演出的莫扎特歌剧《唐璜》给他留下了难以磨灭的印象。多年后柴可夫斯基回忆道："《唐璜》使我第一次产生了对音乐的强烈印象。它激起我一种神圣的喜悦感，而这种喜悦感后来产生了成果……多亏莫扎特，我才将生命奉献给了音乐。"

此后，一家人在一起生活得很快乐，直到 1854 年 7 月，柴可夫斯基的母亲死于霍乱。母亲的去世给 14 岁的柴可夫斯基带来了撕心裂肺的伤痛。对于柴可夫斯基来说，母亲是他最亲近的人，是教给他如何做人、做事的良师。如果人间没有了他慈爱的母亲，他又该怎样面对这个世界呢？感情脆弱的柴可大斯基难以接受现实的残酷。母亲去世带走的不仅是柴可夫斯基的羁绊和牵挂，还有温馨的家庭。母亲走后，哥哥和妹妹也各自进入了不同的学校念书，家中只剩下父亲和两个弟弟，一个和谐美满的大家庭瞬间就变得冷清了好多。

1859 年 5 月，柴可夫斯基结束了 7 年的法律学校学习生涯，供职于司法部，担任书记员职务。虽然他并不怎么热爱这份工作，真正的心思全部在音乐上，但是本着尽职尽责的观念，他还是把自己的工作完成得很好，经常得到好评。他经常去剧院观看歌剧或者芭蕾舞剧，并且利用职位之便参加圣彼得堡社交界的活动。他会在晚会上即兴弹琴或者演出戏剧。他高雅的风度和卓越的演技赢得了上流社会人们的称赞。

芭蕾舞剧是由舞蹈演员身着剧装在音乐伴奏下表演的戏剧。起源于文艺复兴时期的意大利，后传入法国，获得极大发展。最初的法国芭蕾舞剧音乐不仅有器乐，还有歌唱和朗诵，因此可看作是歌剧的前身（当时的歌剧中也有芭蕾舞，此传统一直延续到19世纪末，并影响到意大利歌剧）。19世纪中叶以后出现大量优秀的芭蕾舞剧音乐，如柴可夫斯基的《天鹅湖》、斯特拉文斯基的《火鸟》等。

缘结圣彼得堡音乐学院

19 世纪 60 年代的俄国，资本主义开始萌芽发展，各种音乐团体相继成立。俄罗斯音乐协会就在此时成立。不久该协会开办了音乐班，旨在促进俄国的音乐研究和演奏，同时可以让非贵族出身的知识青年有更好的机会接受音乐教育。柴可夫斯基于 1859 年秋在征得父亲同意后加入了该音乐班进行学习。在音乐班里，柴可夫斯基马上得到了尼·依·托连姆巴教授的注意，并迅速受到了教授的关照。但是，这个时候柴可夫斯基还不得不在司法部里进行枯燥的工作。父亲认为想要进入上流社会就要通过正规的仕途途径，而音乐是旁门左道的东西，平时弄着玩玩就行了，不能当作一个事业的。柴可夫斯基一家世代供职于官场，父亲绝对不会让柴可夫斯基在接受了良好的教育之后再去做音乐家。在那个时代，俄国的音乐家薪水很低，连柴可夫斯基都没有魄力仅仅去依靠音乐赚钱养家。

1862 年 9 月，在俄罗斯音乐协会举办的音乐班基础上成立了圣彼得堡音乐学院。安东·格里戈里耶维奇·鲁宾斯坦担任院长。原音乐班学员成为第一批学生，柴可夫斯基有幸成为其中一员，在音乐学院作曲班学习。当时，柴可夫斯基还继续担任着司法部职员的工作。有一次在作曲课上，安东·鲁宾斯坦布置了为一个指定的主题写对位性变奏曲的作业，要求是质量好且数量多。教授原以为柴可夫斯基最多写出十几条，但柴可夫斯基彻夜不眠写出了两百多条。安东·鲁宾斯坦对柴可夫斯基的才华和学习认真的态度大加赞赏，而院长的赞赏也鼓励并坚定了柴可夫斯基终身为音乐献身的信念。第二年，他辞去了在司法部的工作，集中全部精力学习音乐。经济能力有限的父亲为柴可夫斯基提供住处和膳食，柴可夫斯基也减少了各种娱乐花销并争取助教机会来应付自己学习和生活的开销，然而，他依旧过着紧巴巴的日子。

但是柴可夫斯基在这段时间是有着明确目标的，那就是成为一名优秀的音乐家。他现在的经济状况不佳，所以也只能一点点努力实现。柴可夫斯基在写给妹妹的信中说到了他的规划："首先要在下学期获得一个音乐学院的职位，其次是通过这个职位能够教一些课程，然后通过这些来缓解我的经济问题。我只求温饱，但是最后我一定会成为一名优秀的音乐家。”

变奏曲是指主题及其一系列变化反复，并按照统一的艺术构思而组成的乐曲。“变奏”一词，源出拉丁语 variatio，原意是变化，意即主题的演变。从古老的固定低音变奏曲到近代的装饰变奏曲和自由变奏曲，所用的变奏手法各不相同。作曲家可新创主题，也可借用现成曲调。然后保持主题的基本骨架而加以自由发挥。手法有装饰变奏、对应变奏、曲调变奏、音型变奏、卡农变奏、和声变奏、特性变奏等。另外，还可以在拍子、速度、调性等方面加以变化而成一段变奏。变奏少则数段，多则数十段。变奏曲可作为独立的作品，也可作为大型作品的一个乐章。

安东·鲁宾斯坦，（1829—1894）俄国作曲家、钢琴家。早年随母亲学习钢琴，后在圣彼得堡随维卢安学习钢琴，在维也纳随德恩学习作曲。安东·鲁宾斯坦一生创作了《德蒙》等20部歌剧，《海洋》等6部交响曲，5部钢琴协奏曲，以及许多声乐、室内乐、钢琴曲以及其他器乐独奏曲。他的钢琴独奏小品《F大调旋律》被后人改编为小提琴独奏曲和管弦乐曲，至今流传不衰。在音乐观念上，他反对强力五人团的民族主义的音乐，而追求音乐世界性，这也使他遭到许多人的反对。

为了实现自己的理想，柴可夫斯基开始愈发地努力，不仅是在学习上，还在解决自己的经济问题上。音乐学院的院长安东·鲁宾斯坦个人成立了一项奖学金，旨在奖励那些有志于成为音乐学院管乐手的人。柴可夫斯基虽然没有学过管乐，但是他为了得到这笔奖金开始自学长笛，终于成为了音乐学院乐队的第一长笛手。这种进步吸引了院长安东·鲁宾斯坦的眼球，他把柴可夫斯基当作了自己的得力助手。柴可夫斯基经常为合唱队伴奏，给乐队当定音鼓手，有的时候还去试一下歌剧，这些都让他逐渐精通各种乐器的乐理和操作，给他之后的发展奠定了基础。

长笛是现代管弦乐和室内乐中主要的高音旋律乐器，外形是一根开有数个音孔的圆柱形长管。早期的长笛是乌木或者椰木制，现代多使用金属的材质，比如普通的镍银合金、专业型的银合金、9K和14K金等。

柴可夫斯基的良好表现不仅让院长赏识，而且还为他解决了一些经济上的问题。他不仅获得了管乐手的奖学金，还得到了院长的资助。充满感激的柴可夫斯基更加努力地投入到了自己的学习中。他不仅读书很快，做事也很快，但是这种快却一点也不匆忙，反而十分井然有序。他在音乐学院学到了比别人多好几倍的东西，终于，他开始尝试着自己创作点什么了。

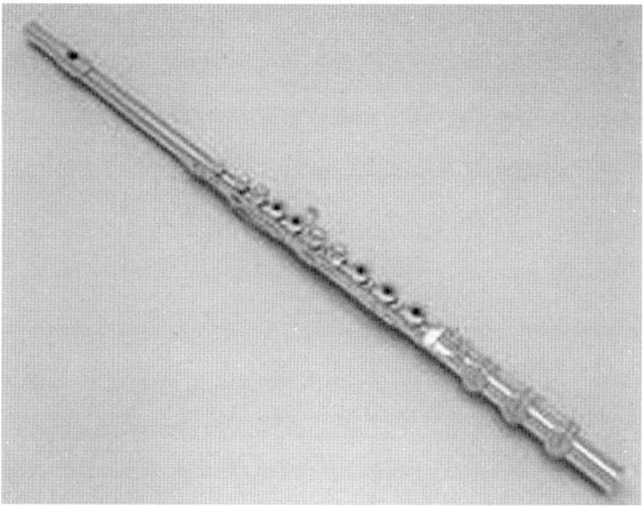

长笛

在柴可夫斯基22岁的时候，他正式开始了创作。但是由于能力和经验的限制，他初期只能够尝试根据一些话剧的脚本来创作应景的乐曲，《暴风雨》就是他尝试的作品之一。柴可夫斯基在自己的管弦乐中加入了大量表现人们追求爱情与幸福、反对反动势力的内容，表现了人们不断反抗自己悲惨命运的精神。在表现手法上，他没有拘泥于学院派的陈规，反而是加入了大量的竖琴、低音喇叭等很现代化的管弦乐队。然而，这种配器手法是不允许学院学生使用的，因为违背了当时正确的编乐法则和乐理。就连一直欣赏他的院长安东·鲁宾斯坦也在反对他。但是出乎人们意料的是，这个乐曲刚一上台演奏就受到了人们的好评。这是第一首由柴可夫斯基自己创作并且担任指挥的乐曲，他对自己在学生音乐会上创造出来的效果十分满意。

很快，柴可夫斯基就以自己的天才出了名。于是，他又趁着灵感马上写了一首交响乐《性格舞曲》，并把它交给了奥地利作曲家约翰·施特劳斯。施特劳斯十分赞赏这个年轻后辈的作曲功底，马上就在巴甫洛夫斯克举行了一场音乐会并亲自担任指挥，演奏了这首乐曲。这是第一次由外人指挥柴可夫斯基的作品，也是他的作品第一次面向公众演出。但是，这不是他第一次得到前辈的赏识了。现在的柴可夫斯基已经不是那个刚刚念法律学校的幼稚孩童了，而是一个拥有着远大理想、抱负并具有相当能力的作曲家。现在迎接他的，是无比光明的未来。

约翰·施特劳斯（1825—1899），奥地利著名的作曲家、指挥家、小提琴家、施特劳斯家族的杰出代表。出生在维也纳一个音乐世家，与父亲同名。被世人誉为“圆舞曲之王”。1844 年组成自己的乐队，演奏本人和父亲的作品。1855—1865 年应邀在圣彼得堡指挥夏季音乐会达十年，1863—1870 年任皇室宫廷舞会指挥。1899 年，约翰·施特劳斯逝世时，维也纳人民举行了十万人的盛大葬礼。

1865 年，柴可夫斯基终于从圣彼得堡音乐学院毕业了。一起毕业的，还有他的银质奖章和“自由艺术家”的称号。他毕业前的考试曲目是以席勒的《欢乐颂》为歌词来写的大合唱曲和四重奏伴奏曲，然后在毕业典礼上由音乐学院的学生集体演出。然而这次演出受到了人们的诟病，包括这次演出的指挥——圣彼得堡音乐学院的院长安东·鲁宾斯坦。他们对这首曲子很不满意，因为它远远超出了人们所划定的音乐的范围。这些前辈的不理解让柴可夫斯基深受打击，甚至认为自己的前途一片渺茫。他努力打起精神，想要做点什么来证明自己是正确的。

席勒（1759—1805），德国18世纪著名诗人、哲学家、历史学家和剧作家，德国启蒙文学的代表人物之一。席勒是德国文学史上著名的“狂飙突进运动”的代表人物，也被公认为德国文学史上地位仅次于歌德的伟大作家。

《欢乐颂》，又称《快乐颂》，是在1785年由德国诗人席勒所写的诗歌。贝多芬为之谱曲，成为他的第九交响曲第四乐章的主要部分，包含四个独立声部、合唱、乐团。而这首由贝多芬所谱曲的音乐（不包含文字）也成为现今欧洲联盟的盟歌。

但是，还是有人欣赏柴可夫斯基的。同为音乐学院的学生拉罗恰把柴可夫斯基同现有的作曲家比较后发现，柴可夫斯基无论是受到的教育程度、对于乐器的认知以及自身迸发出来的才能，都远远强于当时任何一个作曲家。他开始公开支持柴可夫斯基，并给柴可夫斯基写了一封鼓励的信，信中有这样一句话：

“我在你身上，看到了音乐唯一的希望。”

生命中的贵人

1866 年 1 月，刚刚从圣彼得堡音乐学院毕业的柴可夫斯基接到了到莫斯科音乐学院任教的邀请。邀请他的正是安东·鲁宾斯坦的弟弟尼古拉·格里戈里耶维奇·鲁宾斯坦。拥有远见卓识的尼古拉·鲁宾斯坦早就知道柴可夫斯基是个不可多得的人才，因而对他关怀备至，不仅让柴可夫斯基住进了自己的住所，还让他在自己的住所授课。当时的柴可夫斯基无疑是不宽裕的，家中的老父亲已经不能提供给他什么资助了。于是他对于成功的渴望更加的灼热，常常是不知疲倦，整夜地工作。在莫斯科他举目无亲，只有不停地劳作才能够驱赶心中的孤独和无助。在这里他一切都要靠自己，不仅过着简朴的生活，还在不停地外出教课来补贴自己。

尼古拉·鲁宾斯坦（1835—1881），俄国作曲家、指挥家、钢琴家、教师，莫斯科音乐学院院长。安东·鲁宾斯坦的弟弟。代表作品为钢琴独奏小品《F大调旋律》。指挥了柴可夫斯基的多部音乐作品，对柴可夫斯基一生影响深远。

年轻教授的日子并不轻松，他每周都要上26个小时的课。一开始他很怕羞，被很多求知的眼神盯着，让他感觉很不自然。但是一讲到自己喜欢的音乐理论和规则之后他就会马上平静下来。对于柴可夫斯基来说，这些有关音乐上的事情才是他最喜爱的事情，无论是自己创作还是教书，都让他有一种饱和的充实感。他的教书热情和多变的风格，让他的学生十分喜爱这个年轻老师，柴可夫斯基也对一些“好种子”照顾有加。他教出的学生有众多的作曲家、钢琴家和大提琴家。

虽然柴可夫斯基对于教书很有热情和独到的看法，但是他最喜欢的还是创作。创作！创作！只有创作才能够完全激发这个天才的热情。为了更好地学习和交流，他成为了莫斯科艺术小组的常客。这个小组是由尼古拉·鲁宾斯坦和剧作家奥斯特洛夫斯基共同组创的。艺术小组经常会举行一些聚会，来增进大家的友谊，同时可以交流自己的心得。柴可夫斯基很向往这个上层社会的社交场所，他的出现很快引起了那里的人们的注意。他彬彬有礼又温和善良，更重要的是他有天才的本领和悦耳的歌喉。柴可夫斯基很快成为艺术小组的红人。艺术小组会定期出去郊游和野餐，而在郊外，他们常常可以听到莫斯科的民歌。柴可夫斯基借助自己强大的记忆力将听到的东西记下来，并把一些旋律用在了自己的创作中。比如他的歌剧《市长》有一段就是取自民歌《我可爱的小辫子》。

当时的俄国音乐其实并没有很好的光景。意大利的华丽歌剧在上流人士的拥戴之下迅速占领了俄国上层的舞台，在此之后，俄国本国的民族音乐受到了重创。但是柴可夫斯基没有屈服，他开始在各个报纸杂志上发表意见独特的评论文章，号召广大俄国音乐工作者联手抵御外来音乐文化的冲击。他的热情鼓励着年轻的作曲家，越来越多的作曲家开始登台表演自己的作品。虽然常常会有舆论的抨击，但是柴可夫斯基还是一如既往庇护这些新兴的种子。

1866 年 3 月，柴可夫斯基开始着手写他的第一部交响曲《冬日的幻想》。这首曲子取材于俄国的北国风光。广阔的雪地，呼啸的原野，阴暗的树林，都是柴可夫斯基眷恋的俄国冬日美景。他把对大自然的渴望和敬仰完全表现在了这首曲子中，并且，不断渗透的心理描写成为了柴可夫斯基一以贯之的音乐风格。《冬日的幻想》的灵感来自于俄国冬季的自然风光和柴可夫斯基当时的心境。这部交响曲一共分为四个乐章，第一乐章是《冬日旅途的梦想》，这个乐章反映的是他在拉多加湖沿岸和阿拉姆岛游览时对美丽景色留下的印象，广袤美丽的俄国，勤劳善良的俄国人民永远是柴可夫斯基心中的最爱，这是他生长的地方，是他永远的故乡，他对这片土地爱得深沉。第二乐章是《忧郁的远方，朦胧的远方》，在这一个乐章里面，柴可夫斯基向我们展现了他的内心世界。一个人只身前往莫斯科，即使面对着美丽的景色，也会产生出一种难以名状的孤独和忧伤；想想自己和亲人分离，想想俄国还有很多人在贫困中挣扎，想想现实的动荡，柴可夫斯基的内心有一种悲壮之情油然而生。第三乐章谐谑曲没有标题，旋律不再是忧郁的格调，而是带有几分轻盈、浪漫的奇幻色彩，仿佛传达着旅人对温馨家庭聚会的向往，让人感到家庭的温暖与欢乐。第四乐章同样也没有标题，这一乐章中柴可夫斯基采用了当时一首流行的城市歌曲——俄罗斯民歌《花儿开了》的旋律，用以表现莫斯科城市生活的形象，展现了莫斯科市内的冬季节日的欢庆热闹场面，表达了作曲家对未来的信心和希望，表现了作曲家对人民的关怀。这部第

交响曲是器乐体裁的一种，是管弦乐队演奏的包含多个乐章的大型（奏鸣曲型）套曲。源于意大利歌剧序曲，海顿时定型。

基本特点：第一乐章快板，采用奏鸣曲式；第二乐章速度徐缓，采用二部曲式或三部曲式等；第三乐章速度中庸或稍快，为小步舞曲或诙谐曲；第四乐章又称“终乐章”，速度快，采用回旋曲式或奏鸣曲式等。

一交响曲是第一部由在俄国本国接受专业音乐教育的作曲家写的交响曲。俄罗斯民歌和民间舞曲的旋律贯穿全曲，表现了鲜明的俄罗斯民族特色。

谐谑曲又称诙谐曲，是一种三拍子器乐曲。其主要特点是速度轻快，节奏活跃而明确，常出现突发的强弱对比，带有舞曲性与戏剧性的特征。它常在交响曲等套曲中作为第三乐章出现，以取代宫廷风格的小步舞曲。“谐谑”是指用音乐来表现诙谐、幽默的情趣。

这部曲子的初演献给了他的恩人尼古拉·鲁宾斯坦。1868 年，由尼古拉·鲁宾斯坦指挥面向大众演出，受到了广泛好评。这也让柴可夫斯基在莫斯科打开了自己的知名度。外界评论：“这是一部真正的俄罗斯交响乐。柴可夫斯基用自己民族的东西完美地诠释了音乐的魅力。”这部交响乐后来成为俄罗斯乐队的保留曲目，世代受人传颂。

柴可夫斯基是个善于学习的人，他在音乐界不断扩张自己的人脉，认识了越来越多的人。

米·阿·巴拉基列夫是圣彼得堡的知名钢琴家和作曲家，对俄罗斯民族艺术充满着热爱。他一心想把民族音乐发扬光大。在他的领导下，有一批诸如穆索尔斯基、鲍罗廷等音乐大家都开始向他靠拢，举起了反对外来音乐的大旗。他们主张弘扬民族艺术，排除一切外来影响——尤其是意大利歌剧。他们以俄罗斯民谣为创作蓝本，轻视外来的学院教化。他们的演出常常得到人们的好评，人们亲切地称他们为“强力集团”。

穆索尔斯基（1839—1881），俄国作曲家。生于庄园主家庭。他主张音乐必须反映现实，表现人民的精神面貌。其作品具有民族性和独创性。1863 年返回圣彼得堡，进一步受到了以车尔尼雪夫斯基为代表的俄国革命民主主义思想的影响，经历了深刻的思想转变，形成了进步的世界观与艺术观。他的民主思想倾向和现实主义的创作原则，充分体现在他的作品中。他一生中具有代表性的作品均产生在这个时期。

“强力集团”又被称为“五人强力集团”“强力五人集团”“五人团”等。19世纪60年代，由俄国进步的青年作曲家组成的“强力集团”（即新俄罗斯乐派），是俄罗斯民族声乐艺术创作队伍中的一支主力军。“强力集团”的主要成员有5位，他们分别是：米利·阿列克谢耶维奇·巴拉基列夫（1837—1910），他是“强力集团”和新俄罗斯乐派的领导人；凯撒·居伊（1835—1918）；莫捷斯特·彼得诺维奇·穆索尔斯基（1839—1881）；亚历山大·波菲利维奇·鲍罗廷（1823—1887）；尼古拉·安德烈耶维奇·里姆斯基-科萨科夫（1844—1908）。

巴拉基列夫于1868年来到莫斯科，与柴可夫斯基结识。巴拉基列夫很欣赏柴可夫斯基的才华，把他带到了自己在圣彼得堡的家中，与“强力集团”的人们互相认识。柴可夫斯基在晚会上演奏了《冬日的幻想》第一章，受到了“强力集团”人们的称赞。但是，这些自视甚高的人们还是有些瞧不起柴可夫斯基，因为他接受了专业的音乐学院教育，是被外来文化侵染的，不会是自己人。他们认为柴可夫斯基只是音乐学院的小孩子，只会弄些投机取巧的东西，是没有什么真本事的。

柴可夫斯基对于大家的看法则是哭笑不得。他们这些自视甚高的肤浅态度让柴可夫斯基十分不爽。不可否认的是，“强力集团”在柴可夫斯基的眼中是很有才能的，并且，在发展俄罗斯民族音乐上他们是有着共同目标的。

1866 年，巴拉基列夫出版了自己记录的俄罗斯民歌集，一时间轰动了整个音乐界。要知道，在此之前，还没有一个从农民那里直接记录的歌曲集。由于柴可夫斯基在之前也搜集过不少民歌，所以巴拉基列夫的工作吸引了他。他们建立了密切的联系，常常在一起大谈民族音乐和理想。他们成为了无话不谈的好朋友，甚至在巴拉基列夫因为得罪了音乐协会的主席夫人而被迫辞职之后，柴可夫斯基还发表文章向主流音乐界声讨，力图把自己的朋友拯救回来。

不仅是巴拉基列夫，“强力集团”的里姆斯基 - 科萨科夫也与柴可夫斯基保持着密切的友谊。他们常常互相交换作品来欣赏，虽然表现手法和艺术观点不同，但是他们都有一颗对于民族音乐执着的内心。这段时间的相互磨合使柴可夫斯基和“强力集团”都成长了许多。柴可夫斯基开始向着新的起点迈进。

里姆斯基－科萨科夫，俄国作曲家，指挥家，教育家。1844 年 3 月 18 日生于诺夫哥罗德省季赫温市，7 岁学钢琴，10 岁开始作曲 。12 岁入圣彼得堡海军学校学习，期间跟从 F. A. 卡尼列学钢琴 。1861 年成为新俄罗斯乐派（强力集团）最年轻的成员。1862 年毕业后随舰航海 3 年，1871 年起在圣彼得堡音乐学院任教，1905 年革命时，因支持学生罢课一度被解职。1908 年 6 月 21 日卒于卢加附近的柳边斯克庄园。

第2章 用青春谱写乐章

千年的恋歌《罗密欧与朱丽叶》

莎士比亚的动人爱情故事《罗密欧与朱丽叶》可谓是家喻户晓，而柴可夫斯基也曾以此为基础创作了一首交响幻想曲。这是他第一首成功的管弦乐作品，当时他只有29岁。1869年8月，对柴可夫斯基颇有好感的巴拉基列夫来到莫斯科探望柴可夫斯基，在此期间，他经常和柴可夫斯基一起散步，探讨音乐上的问题，有时二人一待就是一整天。虽然巴拉基列夫的主观武断和自以为是这些特点很不被柴可夫斯基喜欢，但是，柴可夫斯基出于礼节还是礼貌性地奉陪了。

莎士比亚

莎士比亚（1564—1616）英国文艺复兴时期伟大的戏剧家和诗人。

他的代表作有四大悲剧：《哈姆雷特》《奥赛罗》《李尔王》《麦克白》。

著名的四大喜剧：《仲夏夜之梦》《威尼斯商人》《第十二夜》《皆大欢喜》。历史剧：《亨利四世》《亨利五世》《理查三世》。

正剧：《罗密欧与朱丽叶》。

悲喜剧（传奇剧）：《暴风雨》《辛白林》《冬天的故事》《佩里克勒斯》。

还写过154首十四行诗，两首长诗。

《罗密欧与朱丽叶》是莎士比亚著名戏剧作品之一，故事讲述罗密欧与朱丽叶于舞会一见钟情后方知对方身份，最后二人为了在一起，朱丽叶先服假毒药，醒来发现罗密欧自尽，也相继自尽。因其知名度而常被误称为莎翁四大悲剧之一。

这次来访期间，巴拉基列夫向柴可夫斯基推荐了莎翁的《罗密欧与朱丽叶》这一题材，希望他可以以此为基础写一部交响幻想曲或者是序曲，并且亲自草拟了乐曲的开头和提纲。柴可夫斯基很快将剧本熟读了一遍，这个充满悲剧色彩的传奇性爱情故事深深地感动和感染着柴可夫斯基，激起了他的创作灵感。加上当时他正与一位歌唱家——阿亚托小姐热恋，爱情让他充满了灵感与力量。他废寝忘食地写着，写得十分流畅，那段时间他每天到林荫夹道的大路上散步，他从尼基兹基走起，途经斯特列登基大道，许多主题和乐剧就是在这条路上构想出来的，到月底他就已经完成了总谱。柴可夫斯基每次灵感来了之后都无法使自己停下来，一定要到作品完成之后才肯休息，并且此后还要不断地完善，一遍又一遍直至使自己的作品臻于完美。柴可夫斯基在这首曲子的创作过程中没有采用巴拉基列夫的提纲，但是他把作品中所有的重要主题都交给这位朋友征求他的意见，虚心求教，并且将此乐曲题献给他。巴拉基列夫收到这个献礼十分高兴，对作品非常满意，尤其喜欢序曲中用英国管演奏的爱情主旋律。

总谱是以多行谱表完整地显示一首多声部音乐作品的乐谱形式。总谱大致可分为大总谱、袖珍总谱、开列总谱、钢琴总谱、声乐总谱、缩编总谱等几个类别。近代大总谱的各组乐器，按照木管乐器、铜管乐器、打击乐器及弦乐器的次序纵向排列，每组乐器再大致按照其应用的音域，自上而下进行细分。

序曲指歌剧、舞剧等开幕前演奏的短曲，亦称“开场音乐”，由管弦乐队演奏，其使命在于综合地叙述全剧发展的重要场面，奏出剧中代表主角的旋律，它仿佛是剧情的缩影。

英国管是双簧管乐器的一种。又称中音双簧族乐器，即F调双簧管、中音双簧管，比双簧管的音域低五度，音色比双簧管浓郁而苍凉，比较含蓄内敛，听起来如泣如诉。它常被用来表现忧伤或平静，也能吹出田园风光，成为富于诗意的表情乐段。

这首交响幻想序曲《罗密欧与朱丽叶》思想深刻、主题鲜明而且感染力非常强烈。柴可夫斯基以民族的眼光来面对英国戏剧作家莎士比亚的剧作。他并没有对原剧中的悲剧故事情节作过多的细节描述，主要是通过对立音乐的戏剧性对比和对冲突的概括表现原作的悲剧思想。柴可夫斯基把主部写为奏鸣曲式的缩形，是一个新的创举，他将其分为三段——呈示、发展和再现。序幕中运用庄重、肃穆、含蓄的祈祷性歌唱来刻画奥伦斯神父的形象。它有力地表现了反对两位恋人美好爱情的顽固势力。接着是蒙太古和凯普莱特两家世仇的“械斗”主题的出现，这一部分音乐急促且富有张力。序曲中心部分是表现罗密欧与朱丽叶美好形象的优美歌调，是以中提琴和英国管演奏的奏鸣曲式的副部，表现了柔美的爱情主题。这个主题有极强的感染力。在罗密欧与朱丽叶的死这一悲剧性结尾中，有“械斗”主题的再现，也有对被摧残的爱情的悼歌，还有变化了的爱情优美主题在轻轻回荡；终曲是乐队的总和弦音乐，凝聚了作曲家对悲剧结局的满腔悲愤与同情。小结尾的风格犹如小夜曲，给人平安宁静的感觉，让人感到十分舒服。

奏鸣曲是种乐器音乐的写作方式。在古典音乐史上，此种曲式随着各个乐派的风格不同也有着不同的发展。奏鸣曲的曲式从古典乐派时期开始逐步发展完善。19 世纪初，给各类乐器演奏的奏鸣曲大量出现，奏鸣曲俨然成为西方古典音乐的主要表现方式。到了 20 世纪，作曲家依然创作着给乐器演奏的奏鸣曲，但相较于古典乐派以及浪漫乐派的奏鸣曲，20 世纪的奏鸣曲在曲式方面已有了不同的面貌。亦称“奏鸣曲套曲”。由三四个相互形成对比的乐章构成，用一件乐器独奏或一件乐器与钢琴合奏。

和弦是乐理上的一个概念，指的是一定音程关系的一组声音。将三个或三个以上的音，按三度叠置的关系，在纵向上加以结合，就成为和弦。通常有三和弦（三个音的和弦）、七和弦（四个音的和弦）、九和弦等概念。

1870年3月16日，莫斯科第一次演出了《罗密欧与朱丽叶》，由尼古拉·鲁宾斯坦担任指挥，作曲家本人亲自观看了演出。但是这次演出很不愉快，因为当时尼古拉·鲁宾斯坦正身陷一件诉讼案中，大家的关注点都放在了这位指挥家身上，对作品的注意力大大减少。1870年夏秋，作曲家按照巴拉基列夫的建议又对序曲宗谱进行了修改，于1871年5月完稿出版，1872年2月在莫斯科和圣彼得堡分别演出。这部作品是柴可夫斯基在标题交响音乐领域中取得的第一个重要成就，这部作品也受到全世界的认可。音乐评论家斯塔索夫说："这首作品无限细腻和优美，作品充满诗意、激情和力量。"1874年，著名德国指挥家、钢琴家汉斯·布罗夫指出：这是"一首在独创性和旋律性上异常诱人的、杰出的序曲”。而著名法国作曲家圣－桑于1876年在维也纳的一次音乐会上听了《罗密欧与朱丽叶》以后，通过柴可夫斯基的学生塔涅耶夫转告柴可夫斯基说他应该立即去巴黎举行个人作品音乐会。虽然这首作品得到了如此众多的好评，但是作曲家本人仍然坚持精益求精，在1880年再度对其进行修改，使总谱有了更大的改进。后来，当柴可夫斯基在圣彼得堡、柏林、布拉格等地举行个人音乐会时，亲自指挥演奏了这部作品的第三稿。我们现在流传下来的也是这部作品的第三稿。

圣－桑（1835—1921），是一位属于浪漫时期的法国钢琴及管风琴演奏家，亦是一位多产的作曲家。毕生维护古典传统，其创作形式严谨，意境澄澈。他的作品对法国乐坛及后世带来深远的影响，重要的作品有《动物狂欢节》《骷髅之舞》《参孙与大利拉》等。

圣-桑

斯塔索夫

斯塔索夫（1824—1906），俄国艺术评论家。毕业于圣彼得堡法律学校。1851—1854 年侨居意大利，任岱米朵夫伯爵私人秘书。归国后，任帝国公共图书馆馆长助理员，后任美术部主任，直至逝世。他在美学观点上受 19 世纪俄国革命民主主义思想的影响，在《俄国艺术的二十五年》《十九世纪的艺术》以及关于格林卡、穆索尔斯基、鲍罗廷、彼罗夫、列宾、克拉姆斯柯依等人的专论中，反对为艺术而艺术和对西欧艺术的盲目崇拜，宣传俄罗斯民族艺术的道路，直接指导和推动了“强力集团”和巡回展览画派的创作。

泥瓦匠的歌唱——《如歌的行板》

柴可夫斯基一生的梦想就是“到人民中去”，他希望通过自己的努力将音乐发扬光大，创作出更多更好的作品；同时，他也希望音乐可以在俄罗斯民族乃至全世界得到普及，使它不只是贵族的游戏，而是使每一个热爱它的人都有机会接触到它。他的《第一弦乐四重奏》就是在这一想法下创作的。

弦乐四重奏，顾名思义，就是“由四把弦乐器组合而成的室内乐形式”。它包含两把小提琴、一把中提琴以及一把大提琴，是目前最主要和最受欢迎的室内乐类型。

1871 年初，柴可夫斯基在尼古拉·鲁宾斯坦的建议下举行了一场个人作品音乐会。他认为室内乐应该不仅仅局限在少数有高度修养的爱好者、艺术家和贵族的客厅，而是应该走向更广阔的群体，变成更广大听众欣赏的音乐。他为此一直在努力。这次个人音乐会也是如此，他专门为此写了一首弦乐四重奏，即《第一弦乐四重奏》。

室内乐原意是指在房间内演奏的“家庭式”的音乐，后引申为在比较小的场所演奏的音乐。现在指由一件或几件乐器演奏的小型器乐曲，主要指重奏曲和小型器乐合奏曲，区别于大型管弦乐。

这首曲子后来接二连三的演出也都受到了很大的好评，在当时几乎成了柴可夫斯基的代名词。这部四重奏完成不久之后很快便在西欧很多国家上演，尤其是第二章《如歌的行板》还被改编为各种器乐独奏曲演出。拉罗恰在评论文章中谈道：“这首作品的特色是鲜明的曲调配上柔美的和声，显得迷人；音调优雅，不同于一般；略带轻柔意味……确实具有美妙的音响效果。”

《如歌的行板》的旋律由来还有一个很有趣的故事。1860年，柴可夫斯基的妹妹亚历山德拉嫁到了乌克兰的卡明卡，自此之后，依恋妹妹的柴可夫斯基经常去那里度过夏天。有一次他正在妹妹家安心休养，突然听到在他屋外干活的泥瓦匠瓦夏哼着一首悦耳的小调，十分动听。他马上打开窗户喊住泥瓦匠，亲切而又急切地说：“你唱得太好了，你能不能再唱一遍，让我把它记下来！”瓦夏高兴地唱了起来，柴可夫斯基一边沉醉其中一边飞快地记录下了全部的曲调，后来它将这首曲子谱成了《如歌的行板》。这首曲子的旋律优美抒情，每一个听过的人都为之沉迷，没有一个不为之感动。

1877年初，莫斯科音乐学院为了欢迎列夫·托尔斯泰的来访举办了音乐会，在这场音乐会上《第一弦乐四重奏》中的第二乐章《如歌的行板》被单独演出。托尔斯泰听了之后感动得流下激动的泪水，他此后一直想要和柴可夫斯基结识。托尔斯泰在写给柴可夫斯基的信中说道：“在莫斯科的最后一天，将永远留在我的记忆中。我的文学创作从来没有像那天晚上似的，得到那么多的报酬……”而年轻的柴可夫斯基在回信中恭敬而真挚地说道：“像您这么伟大的艺术家的一双耳朵，要比一双普通的耳朵更能给予音乐家以鼓励。至于我，知道了我的音乐竟然能感动您，迷住您，我是多么高兴和骄傲呀！”虽然柴可夫斯基因为自身不愿意接触名人尽量回避社交活动，从而没有和托尔斯泰有更深一步的交情，但是我们的作曲家对托尔斯泰的文学作品非常喜爱，他也非常尊敬和崇拜这位伟大的文学家，因此，得到托尔斯泰本人的肯定对柴可夫斯基来说是一件非常快乐的事情。

在随后的几年内，柴可夫斯基又先后创作了第二、第三弦乐四重奏，但是时至今日，最著名的仍然是这首有着《如歌的行板》的《第一弦乐四重奏》。而我们的柴可夫斯基也完成了自己的梦想之一——使俄罗斯室内器乐曲走向了更多的人，成为广大群众的财富，室内器乐曲从此走上了一个新的发展阶段，迎来了它的繁荣期！

列夫·托尔斯泰

《第二交响曲》

1872 年 6 月，这个夏天，柴可夫斯基依旧像往常一样住在了妹妹家。在卡明卡，他开始了《第二交响曲》的创作。与他的《第一交响曲》一样，这部交响曲也浸透着人民性原则。19 世纪 70 年代的俄罗斯艺术领域出现了新的矛盾冲突：彻底的革命民主主义者开始扛起大旗展开行动，而民粹派则继续宣传怀疑主义，得出悲哀的结论。革命势力被诽谤和排挤，知识分子陷入彷徨和迷惘，他们孜孜追求着，向往真理、正义和幸福，希望可以找到一条光明的道路。柴可夫斯基没有参与到运动中去，但他也并不反对革命。他虽然也会迷惘也会思考人生的意义所在，但是他却看到了人民的力量和前途，他挣扎着，努力在广大民众的世界观里寻求满足和支持。他始终坚持着自己“到人民中去”的信念。他在创作《第二交响曲》时一定程度上受到了“强力集团”的影响，“强力集团”当时出版的一些作品在风格和思想上都具有深刻的人民性，这一点与柴可大斯基的《第二交响曲》是相通的。但是，如果说我们伟大的作曲家的作品仅仅是具有人民性就可以享誉盛名那也过于简单了，在这部作品中，他保持且巩固了自己特有的抒情交响乐风格。在这部交响曲中，他把个人对幸福的向往和现实的压力对立起来，并试图在质朴、奋发、热情的人民群众当中寻找出路。他试图并努力把个人情感与大众激情融合在一起，将音乐上升到一个新的高度。

《第二交响曲》是一首用乌克兰素材写成的俄罗斯交响曲。它创作于乌克兰，因此在乐曲中处处可见乌克兰人民的影子。乌克兰民歌主题在乐曲中轻轻回荡，乌克兰人民幽默、活泼的性格，热情好客的品质和他们的处世态度渗透在每一个音符里。但同时它本质上是一首俄罗斯乐曲，因为它的主题思想是由俄国社会现实的矛盾和发展进程所决定的。

《第二交响曲》的一个引人注目的特点是它直接采用多首民歌作为音乐素材。

第一乐章：平稳的行板，活跃的快板，C 小调。一个强劲的短促和弦引出徐缓舒展又饱含着忧郁的前奏。主题是根据民歌《沿着伏尔加河顺流而下》改编的，采用的是俄罗斯民歌的乌克兰变体。它向人们描绘了一幅秀丽优美的风景画，颜色绚丽多姿。广袤的俄罗斯土地上荡漾着悲壮的歌声，这歌声来自于广大的普通人民，来自纤夫，来自渔民。质朴的歌声和风声，橡树林的簌簌声，以及流水和浪花的声音混杂在一起，构成了一曲大自然的交响乐。这个主题富于活力与动感，十分接近民间壮士歌的格调，与整个乐章的基本气质十分契合，同时和前奏形成了鲜明对比。副部主题是缠绵的，充满爱意的。

行板，是音乐速度术语，每分钟66拍。指稍缓的速度而含有优雅的情绪，属中慢板。

第二乐章：行板，雄赳赳的进行曲风格，近乎中板，降E大调。采用了柴可夫斯基早期歌剧《妖女》最后一幕中的婚礼进行曲的音乐。为了配合《第二交响曲》，作曲家对其进行了很大的修改，乐章里穿插了两支抒情的旋律，其中一支旋律来自民歌《纺织姑娘》，它们具有女性的温存柔美，修改后的乐曲有着很强的抒情性。

伏尔加河

伏尔加河的纤夫

橡树林

进行曲主要是军队中用来统一行进步伐的要求，以偶数拍作周期性反复，常用2/4，4/4的拍子。进行曲最初出现在古希腊的悲剧中。进行曲原是舞曲的一种，多用于群众出场、退场的时候。17世纪起，渐渐传入音乐艺术的领域。现代进行曲则指17世纪以后，铜管乐队吹奏的乐曲。

第三乐章：谐谑曲，非常活泼的快板，C 小调。占主导地位的是激动不安的情调并带有一种特殊的幻想意味。这种构思和手法有力地表现了现实对心灵的冲击力——不断起伏变化的外界因素给心灵带来强大的冲击和困扰。在第三乐章的中段，出现了乌克兰风格的民歌舞蹈，乐曲呈现出一种轻松和谐的氛围，仿佛作曲家要从乐观开朗的人民身上寻找心灵的支撑与慰藉。音乐评论家拉罗恰评论道：“谐谑曲把我们带回到欣赏第一乐章时的激动情绪。但这个乐章有它特别的性质，它是在幻想的河床直泻奔流，在完全陌生的和声原野飞奔急驰，这是一往无前、势不可当的无穷动（最让人受听的乐种之一），这首谐谑曲是富于诗意的杰作。”

第四乐章：中板，活跃的快板，C 大调。它描绘了一个五光十色、载歌载舞的民间节日，充满了朝气蓬勃的乐观主义精神。乌克兰民歌《仙鹤》是末乐章的中心主题，因此这部交响曲有时会被大家称为《仙鹤》。作曲家将《仙鹤》作为中心主题的灵感来自于卡明卡庄园的厨师彼得·格拉西莫维奇。柴可夫斯基总是善于从身边尤其是从劳动人民身上发现一些灵感并抓住它，为自己所用。当时，这位厨师经常会哼唱这首歌，给了柴可夫斯基巨大的启发与灵感。我们的作曲家很严肃地在他和弟弟莫杰斯特的通信中说道：“我没有把这个成就的荣誉归于我自己，而是把它归于作品的真正作曲家彼得·格拉西莫维奇。”多么谦虚的作曲家，多么可爱的作曲家！

《第二交响曲》于1873年1月26日在莫斯科俄罗斯音乐协会的交响音乐会上演出，尼古拉·鲁宾斯坦担任指挥，交响曲的初次演出获得了很大的成功，柴可夫斯基在乐坛上名声大噪。拉罗恰在他的音乐评论中这样写道：“柴可夫斯基的《第二交响曲》是俄罗斯音乐中的一个杰作，他在一段时期内使其余的作品在我眼前黯然失色。”连著名音乐评论家都对其评价甚高，可见当时这首交响曲在乐坛的受欢迎程度。“强力集团”也非常欣赏《第二交响曲》，尤其钟爱充满民族风格的末乐章。这部作品在当时不仅获得了学院派的好感，还赢得了激进派的认同，对作曲家而言是非常成功的。这部交响曲虽然不像后三部交响曲那样享誉盛名，但是它充满着乐观主义精神和生活情趣，因此特别为听众所喜爱。

《第三交响曲》

1872 年至 1879 年这七年对于柴可夫斯基来说，是极不平凡的七年，《第三交响曲》《第四交响曲》《奥涅金》《天鹅湖》《里米尼的弗兰切斯卡》《第一钢琴协奏曲》和《小提琴协奏曲》等作品的问世，标志着作曲家进入了创作的成熟期。

柴可夫斯基好像对自己的《第三交响曲》并不是很满意，他只是在这部作品首演之后在给里姆斯基·科萨科夫的信里提到了一句："我觉得这部交响曲没有任何特别值得称道的创意可言，但组织方面倒是前进了一步。我比较满意的只有第一乐章和两首谐谑曲。"与之对应的是，这首交响曲在公开场合很少被演奏。柴可夫斯基的所有管弦乐作品都由他本人亲自指挥演出过，唯独这部除外。除了柴可夫斯基对这部作品不是很满意的原因之外，它所具有的浓厚的俄罗斯特点也使它无缘于一些音乐会。1878 年，维也纳爱乐交响乐团的指挥汉斯·里希特曾打算演奏这部交响曲，但却被主管机构以“此交响曲过于俄罗斯化”拒绝。虽然今天这部交响曲还是不如其他交响曲有名，但是已经进入了 19 世纪的指挥家尤其是俄国所有著名指挥家的表演曲目。

《第三交响曲》一个非常显著的创作特点就是，它在写作过程中的随心所欲，一气呵成。柴可夫斯基从 1875 年 6 月 5 日开始创作，6 月末完成钢琴谱，8 月 1 日脱稿，写作进展十分迅速。也正是因为这次写作非常顺应自己心意，因此后来他并没有像对待第一、第二交响曲那样进行修订。

柴可夫斯基是在他的学生史洛夫斯基伯爵位于乌索夫的庄园里开始《第三交响曲》的创作的。他很喜欢这个地方，这里有可以自在漫步的树林，是孤身独处的好去处。在这里柴可夫斯基体会到了生活的美好，他喜欢这种闲情逸致的情调，这种思想在他的交响曲中有所反映。而在进行这部交响曲创作的三个月前，柴可夫斯基才刚刚从死亡的边缘挣扎回来。1874 年末至 1875 年初的这个冬季，多愁善感的柴可夫斯基再次出现了精神抑郁的症状。他在给弟弟阿纳托里的信中说："有一种力量时常拉我去进修道院或做出诸如此类的事……我本性非常惧怕人类，羞怯和多疑到不心安的程度……一整个冬季我觉得心灰意冷，有时甚至厌弃生活，陷入绝望的边缘……现在，随着春天的来临，这种忧郁症完全停止发作了……"

这部作品的特别之处在于，第一，这是柴可夫斯基唯一一部大调性的交响曲；第二，它有五个乐章，不同于一般交响曲的四个乐章，其中包括一首圆舞曲和一首谐谑曲。但是这样的套曲结构让人容易有组曲的感觉，阿萨菲耶夫对此给出否定性意见："《第三交响曲》是一部组曲式的交响曲"，"他很奇怪，既采用古典式的匀称结构，又零零碎碎，断断续续，像是舒曼式的浪漫派作品"。但是这里采用五个乐章却还是很有特点的。整部交响曲以第三乐章为抒情中心。它在位置上处于五个乐章的中间，它的前后两个紧邻的乐章是感情不太强烈、形式比较小巧的圆舞曲和谐谑曲；而首尾乐章都是热烈欢庆的盛大场面，只有第三乐章是戏剧性的，是内心情感的巨大抒发。这样的布局可以被称作是"集中对称的结构"。

舒曼

舒曼（1810—1856），德国作曲家，音乐评论家，曾在莱比锡大学攻读法律。19岁师从威克专修钢琴。1834年创办《新音乐杂志》，刊发了大量评论文章，成为当时德国音乐艺术生活中革新与进步艺术倾向的喉舌。1840年与威克之女德国钢琴家克拉拉结婚。1854年精神错乱，后死于精神病院。代表作有钢琴曲《蝴蝶》《狂欢节》《童年情景》等，声乐套曲《妇女爱情和生活》《诗人之恋》，艺术歌曲《月夜》《奉献》《核桃树》等。舒曼继承发展了舒伯特歌曲创作传统，进一步丰富了钢琴伴奏的表现方法，注重选择富有诗意的歌词，故享有“诗人音乐家”的称号。

圆舞曲，有时音译为“华尔兹”，是奥地利的一种民间舞曲，18世纪后半叶用于社交舞会，19世纪开始流行于西欧各国。它采用3/4拍，强调第一拍上的重音，旋律流畅，节奏明显，伴奏中每小节仅用一个和弦，由于舞蹈时需由两人成对旋转，因而被称为圆舞曲。

第一乐章：有节制的中板，光辉的小快板，D 大调。开始是一个很长的引子，作者的标记是“葬礼进行曲，有节制的中板”。它的引子是一种阴暗情绪的反映，它反映了作者之前的心境。作者的心境经历了由抑郁到好转的过程，与作者心境变化相对应的是，第一乐章渐渐由阴暗通往了一个光辉灿烂、热烈欢欣的主部。主人公从一个阴暗忧郁的王国来到了快乐的正在庆祝节日的群众中间，在与群众接触的过程中，作曲家努力去抛弃自己内心的种种负担。抑郁的个人与热闹的群体，相互交替形成对比映照，在这个不断映照的过程中后者被肯定。

第二乐章：降 B 大调，采用了圆舞曲，有着德国式的派头。这是柴可夫斯基在他的交响曲中首次将圆舞曲用作一个乐章。他和舒曼一样，并非把圆舞曲当作伴舞的“脚的音乐”，而是将其视为抒发感情、刻画形象的“头的音乐”（舒曼语）。这是一首非常优美的圆舞曲，是首尾为抒情性的三部曲式圆舞曲。

第三乐章：悲歌行板，D 小调。这是整部作品的抒情中心，充满戏剧性抒情。在这个乐章里，柴可夫斯基使用了他十分喜爱的一个配器手法：管乐器的和弦以连续的三连音节为衬托，弦乐器在它上面纵声高歌。这种通过节奏加压和力度强化来增加抒情紧张度的做法，柴可夫斯基在很多著名作品中都有采用，比如《罗密欧与朱丽叶》，比如《第五交响曲》中的行板乐章等等。这 乐章中出现了哀伤的曲调，是作曲家心灵的独白。乐曲含蓄、沉静，但因为独特的配器手法所以极具表现力。

第四乐章：谐谑曲，活泼的快板，B 小调。这是现实和梦境，真相和幻象的结合。B 小调，被贝多芬称作“黑色的调性”，在这里扮演了神秘的角色。它将死亡表现成一片飘忽不定的枯叶，若隐若现，若有若无，恍若游丝，而不是悲剧性的哀痛。飘忽不定的梦幻又有真切如实的世界，二者反复交合、冲撞，表现了人与世界的冲突。

贝多芬

第五乐章：火热的快板，波洛涅兹速度，D 大调。柴可夫斯基第一次将源自波兰的波洛涅兹舞曲运用于交响曲中。铿锵有力的节奏、抑扬顿挫的节拍、威武雄壮的气概、盛世欢腾的节日气象。春天已来临，死神已离去，一切都是那么的美好。它向听众展示了一幅熙熙攘攘、热热闹闹的盛世欢腾景象，是一部宏大的交响曲。

波洛涅兹舞曲（或称波兰舞曲）是一种庄重缓慢、具有华贵气息的三拍子舞曲，它起源于波兰民间。16 世纪末，它为波兰宫廷所采用，在举行大典或集会时，用以伴奏二人一组的行列行进。18 世纪盛行于全欧洲，当作舞会中的行列舞。波洛涅兹舞曲像是一种三拍子的进行曲，每小节的强拍经常有几个音，速度比玛祖卡慢。波洛涅兹的音乐通常具有威武雄壮的气质。

《第三交响曲》于 1875 年 11 月 7 日在莫斯科俄罗斯音乐协会举办的交响音乐会上首次演出，由尼古拉·鲁宾斯坦指挥，演出获得了成功。由于这部交响乐的末章标有“波兰舞曲速度”，因此它又被称作《波兰交响曲》。

在天鹅湖上翩翩起舞

柴可夫斯基一生创作了三部芭蕾舞剧：《天鹅湖》《睡美人》和《胡桃夹子》。这三部舞剧音乐的问世对俄国和整个芭蕾艺术的发展都具有划时代的重要意义。芭蕾从15、16世纪意大利贵族府邸的自娱自乐性戏剧演出中脱胎，经过数百年漫长岁月的洗礼，在19世纪，芭蕾艺术迎来了它的浪漫主义黄金时期。19世纪初，芭蕾开始以足尖舞为基础，女子舞蹈也渐渐取代了过去占主要地位的男子舞蹈。在19世纪的最后30年，芭蕾艺术中心由西欧转向俄国，俄国逐渐成为欧洲芭蕾艺术中心。在柴可夫斯基创作的时代，人们重视的是芭蕾舞蹈家而不是作曲者，这一点从当时莫斯科大剧院《天鹅湖》首演的芭蕾舞剧宣传海报就可以看出。主演是当时大剧院的二牌芭蕾舞女星卡尔帕科娃，她的名字被放在了最显眼的位置，而柴可夫斯基的名字却挤在角落里用几乎看不到的蝇头小字书写。

《天鹅湖》的故事取材于德国童话故事，讲述了变成白天鹅的公主奥杰塔的故事。住在悬崖上的恶魔巴尔特用魔法将美丽动人的奥杰塔公主变成了一只白天鹅。公主白天一直以天鹅的形态存在，只有到了晚上才能恢复人的身形。一天，英俊善良又勇敢的齐格弗莱德王子到天鹅湖边狩猎，机缘巧合地发现了天鹅的秘密。奥杰塔向他讲述了自己的身世，王子非常同情奥杰塔，并且爱上了这位美丽的天鹅公主。奥杰塔告诉他只有他永不变心不娶别的女子，他们才能打败恶魔，让奥杰塔恢复原貌。王子答应了奥杰塔并且回到城堡参加他母后为他举行的舞会。恶魔得到王子与奥杰塔相恋的消息后又气又恼，想尽一切办法要拆散他们！他派自己的女儿奥季丽雅化妆成奥杰塔的模样去了舞会，王子在舞会上以为她就是奥杰塔，结果与她跳舞并将与其举行婚礼。伤心的奥杰塔在窗外目睹了这一切，并设法将真相告诉了王子。王子发现了恶魔的阴谋后，与恶魔父女英勇搏斗并最终击败了恶魔，诅咒解除，奥杰塔恢复了本来的面貌。从此，王子和公主幸福地生活在一起。

这是一个讴歌善良勇敢的人终将战胜恶魔的故事。王子与奥杰塔坚贞不渝的爱和他们的勇气深深地感染了柴可夫斯基。同时，柴可夫斯基自身非常酷爱芭蕾舞剧，因此他希望自己可以在这方面有一定的尝试。根据柴可夫斯基的弟弟莫杰斯特记述：他们两人（柴可夫斯基和法国著名作曲家圣－桑）年轻时都酷爱芭蕾，而且喜欢模仿芭蕾舞姿。有一天，他们两个自夸舞技高超，便在音乐学院的舞台上表演了一出小型的芭蕾舞剧《加拉台耶和皮格马里昂》。40 岁的圣－桑演加拉台耶和雕像，35 岁的柴可夫斯基演皮格马里昂。尼古拉·鲁宾斯坦则在钢琴上奏乐代替管弦乐队。可惜除了他们三个并没有别人在场观看这场搞笑的表演。柴可夫斯基当时比较需要钱，因此他欣然答应了别吉切夫为这个剧本谱曲的要求。对于第一次创作舞剧乐曲的柴可夫斯基而言，这也是一项对自我的挑战。因为，他虽然有着丰富的作曲经验，但是他以前从未尝试过此类作品的创作。为了写好这部舞剧的乐曲，他潜心研究当代的舞剧音乐，阅读和聆听了大量的舞剧音乐，重点研究了“芭蕾音乐之父”德立勃的作品。柴可夫斯基在写作之前花了很长时间想找一个人给他讲清楚写作舞蹈音乐必须的准确资料，据当时大剧院的布景师瓦尔茨回忆，柴可夫斯基还曾亲自找到他询问应当怎样写舞曲，长度如何，怎么计算等等。同时，柴可夫斯基还亲自去剧场观看芭蕾舞剧演出，仔细琢磨芭蕾舞演员的舞蹈动作，研究音乐与舞蹈的配合和节奏。经过精心的准备，柴可夫斯基于1875年开始了《天鹅湖》舞曲的创作。在这次创作中，他创造性地加入了自己的想法，使音乐成为芭蕾舞剧的灵魂，使舞蹈动作和戏剧氛围随音乐的旋律和节奏发生变化，而不再是沿袭以往的芭蕾舞音乐的效果——音乐只是配角，只是舞蹈的陪伴。

德立勃（1836—1891）是19世纪法国著名的作曲家。他一生的创作虽以歌剧和舞剧为主，但也创作了一些如康塔塔、戏剧配乐、教会音乐和歌曲等。德立勃的音乐十分典雅优美，旋律流畅而带有抒情性。他的管弦乐配器法清丽澄澈，其色彩效果极富感染力。因而受到柴可夫斯基的推崇。德立勃曾在巴黎音乐学院师从亚当和贝努瓦学习作曲、管风琴及钢琴。

芭蕾音乐之父德立勃

柴可夫斯基对于芭蕾音乐的创作使芭蕾舞剧摆脱了单纯的娱乐性，成为具有高度艺术性的戏剧形式。他从根本上改变了音乐在芭蕾舞剧中的作用，使之不再是可有可无的配角，而是成为了芭蕾舞剧的灵魂，指引着演员通过肢体语言去表现剧作的情感和灵魂。

1877 年 2 月 20 日，《天鹅湖》在莫斯科大剧院迎来了它的首演。全剧一共四幕，讲述的是王子和被恶魔变成天鹅的公主之间的爱情故事。公主在白天是天鹅的样子，在夜晚则是人形；最终王子和天鹅公主决心殉情，爱情的力量战胜了恶魔，恶魔死去，而王子和公主则在水之女神的邀请下住进了海里的宫殿，从此永远幸福快乐地生活在一起。音乐随着剧情的发展，时而舒缓时而紧张，时而优美时而激烈，跌宕起伏，扣人心弦，有力地推动了剧情的发展，抓住了观众的心。

但是《天鹅湖》的初演并没有获得预想的效果，反倒是受到了一些批评。观看过首演的人一致认为它马马虎虎。可是我们的作曲家如此用心地写作《天鹅湖》并在正式写作之前为之做了大量的准备工作，为什么首演还是不尽如人意呢？这首先要归罪于导演的无能。《天鹅湖》的导演莱金格尔是个才能低下且毫无创意的人，在他的指挥下，

“群舞演员原地踏步、挥动双手，好像磨坊的风车叶片，而独舞演员则迈着体操步伐环绕舞台蹦跳”。其次，饰演奥杰塔的不是当时最有名的索别香斯卡娅，而是她的替身卡尔帕科娃，而且她还一人分饰两角且毫无表现力。再有，作为指挥的里亚波夫在当时还没有什么经验，准备十分不充分，甚至连总谱都没有研读好而且仅进行了两次彩排。最后，剧本十分粗略，很多细节都未交代清楚。这些都造成了首演的反响平平。

直到 1895 年，柴可夫斯基去世两年后，他的弟弟莫杰斯特修改了脚本，使之更为详细，加上佩梯帕和伊万诺夫重新编排，圣彼得堡的首演才头一次使《天鹅湖》的光彩乍现，使得作曲家的音乐真正同观众见面。而此时距《天鹅湖》问世已经 18 年了。今天流传下来的《天鹅湖》就是经修改后的这一版。

《天鹅湖》剧照

四季的音乐

1875 年，圣彼得堡杂志《小说家》的编者尼古拉·马特费耶维奇·贝纳德从俄国的诗中选出十二首适合于 1876 年 1—12 月的各个月份的诗，按月在刊物上登出。同时，他请柴可夫斯基每月为该杂志写一首能表现这个月份性格的钢琴曲。

这部钢琴套曲《四季》，副标题为“性格描绘十二幅”。全曲由十二首附有标题的独立小曲组成。这些诗篇又与十二个月的季节特点相关联，故乐曲以“四季”为名。其中第六首《船歌》和第十一首《雪橇》最为流行，第三首《云雀之歌》及第十二首《圣诞节》也常单独演奏。

柴可夫斯基每月选取固定的一天开始曲子的创作，但是他在 6 月和 11 月没有创作灵感，因此他便用了先前创作的《船歌》作为6月的一曲，用《雪橇》作为11月的一曲。有意思的是，这两首曲子竟然成为了十二首中最为有名的两首。柴可夫斯基在十二首音乐当中不仅生动地刻画描写了每一季节俄国的自然风光，而且还深刻地刻画了俄国人民的思想、感情和生活，表达了他们对美好生活的向往，反映了俄国民间音乐语言的音调。

十二首作品按照月份排序分别是《壁炉边》《狂欢节》《云雀之歌》《松雪草》《清净的夜》《船歌》《割草人之歌》《收获》《狩猎之歌》《秋之歌》《雪橇》《圣诞节》。我们选取其中最为著名的两首——《船歌》和《雪橇》来进行赏析。

《船歌》，G小调，4/4拍，如歌的行板。这是一个三部曲式，描绘了夏天泛舟嬉戏的情景。伴奏匀称而略有起伏，好似微波般轻轻荡漾，舒缓的第一部分主题温和中略带忧郁，使人仿佛看到了初夏夜晚的河面上，一只孤寂的小船轻轻地向着远方飘荡。

“走到岸边——那里的波浪呀，将涌来亲吻你的双脚，神秘而忧郁的星辰，将在我们头上闪耀。”（阿·普列谢耶夫）

六月——船歌

（这是一首ABA结构的曲子，这里是其A段）

柴可夫斯基 曲

《船歌》曲谱

《雪橇》，E 大调，4/4 拍，中速的快板。

“别再忧郁地向大道上看，也别匆忙地把雪橇赶。快让那些抑郁和苦恼，永远从你心头消散。”（尼·涅克拉索夫）

听着这部作品，一幅乡村雪景在你面前渐渐浮现。白雪皑皑的俄国广阔平原上，一辆雪橇沿着树林边的蜿蜒小路飞驰而去，扬起一路积雪，飘飘洒洒，欢快活泼，这辆雪橇奔向那无边无际的远方。

此处，我们再为读者摘录下其他十首诗歌。

一月——《壁炉边》

“在那安静宁逸的角落，已经笼罩着朦胧的夜色，壁炉里的微火即将熄灭，蜡烛里的微光还在摇曳闪烁。”（普希金）

二月——《狂欢节》

“在欢腾的狂欢节，酒筵多么丰盛。”（谱·维亚杰姆斯基）

三月——《云雀之歌》

“鲜花在田野上随风摇晃，到处一片明媚的阳光。春日的云雀在尽情鸣啭，蔚蓝的天空回荡着动听的歌唱。”（阿·马伊科夫）

四月——《松雪草》

“淡青、鲜嫩的松雪草啊！初春残雪依偎在你身旁。……往昔的忧愁苦恼，只剩下最后几滴泪珠儿还在流淌，来日的幸福，将给你带来新颖的幻想……”（阿·马伊科夫）

五月——《清净的夜》

“多么美妙的夜晚，幸福笼罩着一切，谢谢你，夜半亲爱的故乡！从冰冻的王国，从风雪的土国，你的五月飞奔而来，它是多么新鲜清爽！”（阿·费特）

七月——《割草人之歌》

“肩膀动起来哟！手臂回起来哟！让晌午的熏风，迎面吹过来呦！”（阿·柯里佐夫）

八月——《收获》

“家家户户收秋粮，高高的稞麦倒在地上，成捆的麦子垛成山，夜半牛车搬运忙。”（阿·柯里佐夫）

九月——《狩猎之歌》

“出发时刻号角响，成群猎犬已整装，晨光初照齐上马，骏马奔跳欲脱缰。”（普希金）

十月——《秋之歌》

“晚秋之园凋零凄凉，枯黄落叶随风飘荡……”（阿·

托阿斯泰）

十二月——《圣诞节》

“圣诞佳节夜晚，姑娘快把命算。脱下脚上靴子，扔在大门之前。”（茹科夫斯基）

这首《四季》钢琴套曲按照诗歌和季节的氛围进行创作，或欢快活泼明朗，或萧瑟悲伤哀鸣，但无一不流露出作曲家对于俄国美丽风光和俄国人民美好善良品格的讴歌与赞美。

第3章：在压抑的乌云中奏响“我们的交响曲”

噩梦般的婚姻

从小就非常敏感的柴可夫斯基只有和家人在一起的时候才可以感觉到无比的放松与舒心，他不喜欢也不希望有任何其他的人闯入他的生活，打扰他的宁静和生活节奏。如果说梅克夫人小心翼翼地和柴可夫斯基保持有距离的信件往来，以及委婉地给予这位伟大的作曲家以足够的资助还可以让柴可夫斯基接受的话，那么一个大胆的姑娘热情地向他表白并且要求同他结婚这件事则绝对会吓坏柴可夫斯基。

柴可夫斯基骨子里并不想结婚，这一点我们从他给他弟弟阿纳托里的信中就可以看出来。“我曾告诉过你，我要将我的生活做一个重大的改变，其实我根本没有做过这样的决定！我只是想想而已，虽然这也是正正经经的想。其实我在等待着一种外力强迫我采取这样的行动。这里我必须承认，我那小小的公寓，我的寂寞的黄昏，我的生活安逸和平静，对于我有一种特殊的魅力。当我一想到要结婚就必须放弃这一切，我就感到不寒而栗!”但是，就好像这个世界每天都在上演事与愿违的故事似的，没过多久，柴可夫斯基就经历了一场对他而言如同噩梦一般痛苦的婚姻，这件事情对他的打击非常大而且影响久远。

拉开柴可夫斯基生命中最大的一场悲剧帷幕的人是一个心地善良，长相尚可，受教育程度不高，家境一般且家庭氛围庸俗化，以及喜欢夸夸其谈总有着不切实际幻想的女人——安东尼娜·米柳柯娃。她是柴可夫斯基的一个女学生，她在自己 28 岁的时候（1877 年 5 月）给柴可夫斯基写了一封感情真挚、热情洋溢的求爱信，信中充满了对柴可夫斯基的尊敬、崇拜与爱慕！柴可夫斯基被这封信的真挚所打动，破例作了回复，但在信中他很明确地表明了自己的态度，他并不喜欢这位姑娘，他们之间没有爱情。然而热情正当年的姑娘怎么会就这样轻言放弃自己的理想呢！她认准了柴可夫斯基就是她要嫁的人，是可以给她带来物质和精神上双重保障与满足的男人，于是她紧紧地抓住了这次机会继续给柴可夫斯基写信。来来回回几次通信让她和柴可夫斯基之间的了解更加深入，终于，一段时间后他们见面了。虽然柴可夫斯基见面时仍是坚定自己当初的立场拒绝了米柳柯娃的求爱，但是敏感的柴可夫斯基总是感觉这样拒绝一个真诚善良的姑娘不太好，他不想伤害她，因此，他又有些动摇了，不知道自己到底该如何选择。他觉得是自己先前的态度暧昧不明（回复姑娘的信并且应约去拜访她，即使这些都只是出于礼貌），才让米柳柯娃误会了自己，在爱情的旋涡里越陷越深。与此同时，米柳柯娃大胆直白炽烈的求爱信像轰炸般一封接着一封："不要叫我失望！你不答应我，那你只能浪费时间罢了。没有你，我不能活，为了这个，我也许快要结束我的生命了。""我请求您，再到我这里来一次。如果您知道我多么痛苦，那一定会大发慈悲，满足我的愿望的！"

柴可夫斯基最终还是动摇了，他退让了，因为他没办法接受一个少女因为他而结束自己的生命，他不忍心。但是让柴可夫斯基完全接受她也是不可能的，他不可能真正尽到一个做丈夫的责任，他能做的也只是给她以精神上的鼓励，尽可能满足她物质上的花销，同时让自己的身体忠于她。在作了一番思想斗争明确了自己的想法之后，柴可夫斯基再一次来到了米柳柯娃面前，坦诚地告诉她自己并不爱她，只能成为一个忠实的伙伴，不能像一个丈夫那样疼爱她。为了让米柳柯娃更加了解自己以便不作出可能使她后悔一生的决定，柴可夫斯基还告诉了米柳柯娃自己的很多缺点：性情孤僻、沉默寡言、不善交际应酬、讨厌人多的地方和别人的恭维、生性敏感、情绪多变而且还要和亲人以及梅克夫人保持通信，同时自己并不富裕，大部分的经济来源是梅克夫人的资助。然而被爱情冲昏了头脑的米柳柯娃在听完这些后依然坚定地告诉柴可夫斯基自己愿意嫁给他，不论他是贫穷或者富有、健康或者疾病、爱或者不爱自己，只要他能成为自己的丈夫让自己在他身边陪伴就足够了。柴可夫斯基听完之后继续对这个女人说道：“我这一生从来没有爱过任何一个女人。我觉得自己已经不是那种能燃起爱的激情的年龄了。我对谁都不会再产生爱，而您是第一个让我非常喜欢的女人。如果一种平静的、兄长式的爱能让您满足的话，我愿意向您求婚。”

从小生长在市井的米柳柯娃听到这番话十分激动，她马上答应了。在她看来，只要柴可夫斯基愿意与自己结婚，不要说是兄长式的爱，哪怕是父辈的爱，她都愿意。她坚信自己能在日后的婚姻生活中让柴可夫斯基渐渐爱上自己，让兄长式的爱变成夫妻之间的爱、情人之间的爱。

1877 年 7 月 18 日，在圣·乔治教堂，37 岁的柴可夫斯基和 28 岁的米柳柯娃举行了婚礼。一向低调且手头并不宽裕的柴可夫斯基只邀请了弟弟阿纳托里和他的学生柯伐克出席婚礼。婚礼举办完了，一对新人马上回家见了家人。婚礼当晚他们就离开了莫斯科前往圣彼得堡。他们打算去圣彼得堡看望了柴可夫斯基的老父亲后再回莫斯科的乡下去拜见米柳柯娃的母亲。

在圣彼得堡的一星期，即使面对的是自己的弟弟和父亲，他也丝毫没有觉得快乐，因为他发现自己没办法像往常那样生活。他内心最重要的东西是音乐，但是他现在的妻子，可以说两个月以前的一个完完全全的陌生人，现在突然就闯入他本来井井有条的生活，想要将这一切破坏掉，取代音乐的位置。这一切对于柴可夫斯基而言，绝对无法接受！他没办法尽到一个做丈夫的责任，就连把米柳柯娃当成是自己的亲人也不可能，在他心里，米柳柯娃只是个

柴可夫斯基与妻子米柳柯娃

陌生人，他能给予她的也只有物质上的照料。

返回莫斯科之后，岳母一家的来访更使得他心神不宁！他觉得自己无法忍受岳母一家人庸俗的习气，这令他窒息！他想逃离这段令他痛苦的生活，甚至想过自杀！但是就算他跳进莫斯科河那齐腰深的冰冷的河水里，死神也没有带走他的生命，只是让他大病了一场。柴可夫斯基的精神已经极度紧张，只要稍稍再加一点点重量，哪怕只是一根发丝的重量，他都会立马崩溃！

他写信给自己的弟弟阿纳托里倾诉自己的想法和想要离家出走的念头。阿纳托里非常同情自己的哥哥，也不忍心让他继续受这种折磨，于是就在圣彼得堡以音乐学院指挥那甫拉夫尼克的名义给柴可夫斯基发了封电报要他前去圣彼得堡处理学校的公事。柴可夫斯基终于可以逃离这个让他每一分钟都感到不安和痛苦的莫斯科，确切地说是逃离他的妻子米柳柯娃。阿纳托里带着面容憔悴的柴可夫斯基去看了医生，从医生那里回来之后，柴可夫斯基开始了一段宁静的游历生活以安心养病。阿纳托里只身前往莫斯科将详细情况和医生的建议向安东·鲁宾斯坦和米柳柯娃说明之后，又妥善地安置了米柳柯娃，便又回到了圣彼得堡，陪同自己的哥哥柴可夫斯基开始了西欧的旅程。他们

瑞士克拉伦斯镇

先后去了巴黎、柏林和瑞士。在瑞士的时候，柴可夫斯基被日内瓦湖畔的一座小镇吸引了，他喜欢这里的风景和安静的氛围，于是便在这座叫作克拉伦斯的小镇暂时安定下来专心养病。

在瑞士静养期间，柴可夫斯基的身体状况和精神状况都有了一定的好转，他写信给妹妹亚历山德拉告诉他自己的现状并解释离开米柳柯娃的原因，希望妹妹可以理解他、帮助他。“萨沙，怎么说呢，我应该毫不推卸责任地说，我是米柳柯娃冷酷无情的丈夫。她一点错都没有，她很可怜，而我在她面前是一个已经失去理智的残忍的暴君。但是，除此之外，我还是一个艺术家，一个能够和应该为自己的祖国带来荣誉的艺术家，我感到自己身上还有很强的艺术力量，我还没有做到我能做到的十分之一，我要用全部的力量来做到我还应该做的一切。然而现在（因为米柳柯娃）我却不能工作，希望你也能从这个角度来看待我和米柳柯娃之间发生的事情。请告诉她，不要再用指责和威胁来折磨我，也请她明白一点：应该让我有可能去履行我的责任。”

作为柴可夫斯基的小妹妹，亚历山德拉是个非常善解人意并且懂得疼人的好姑娘。她明白哥哥的心意，于是她无怨无悔地替柴可夫斯基尽着本应由丈夫尽的责任，细心照料着自己名义上的嫂嫂，直到米柳柯娃回到自己的娘家。而柴可夫斯基更是一直无私地供给米柳柯娃生活开销，由最开始的每月 50 卢布变成了最后的每月 150 卢布，即使柴可夫斯基已经知道她和另一个男人生了三个孩子。柴可夫斯基就是这样一个人，他在所有人的面前都是忠实高尚的，他存在的意义就是为了更好地帮助周围的人。

柴可夫斯基自始至终没有和米柳柯娃正式离婚。这次错误的结合不仅给柴可夫斯基带来了长时间的黑暗时光，同时也给米柳柯娃带来了毁灭性的打击。米柳柯娃从青年时代便已表现出来的心理不正常倾向在这次婚姻的打击之后表现得更加明显了。她说话时经常会夸夸其谈，总是讲一些不着边际的事情。1896 年，米柳柯娃因为精神病住进了圣彼得堡精神病院，在那里度过了她的余生。1917 年，饱受病痛折磨的米柳柯娃永远的与这个世界说再见了。

蓝色的友谊

如果说米柳柯娃对柴可夫斯基而言是一个噩梦般的女人，那么梅克夫人对于柴可夫斯基而言就如天使一般。她成熟、端庄、富有、博学，有同情心，爱好音乐，最重要的是她体谅柴可夫斯基，愿意与柴可夫斯基保持精神上的沟通。她是一个有身份地位的女人，而且还有自己的孩子，因此她从来没有想要得到什么柴可夫斯基不愿意给她的东西。只要柴可夫斯基感到轻松快乐，那么她也会感到轻松快乐：她愿意默默资助他，以他为自己创作音乐来获得稿酬的名义；她愿意在他失意痛苦的时候通过书信的方式陪伴他，给他以精神和心灵上的慰藉；她愿意邀请柴可夫斯基到自己的庄园来度假，但却又非常体贴地为柴可夫斯基化解了因为见面而可能导致的尴尬，虽然她内心是那么的渴望与柴可夫斯基见面和交谈。14 年的时间，保存下来的 760 封信，见证了柴可夫斯基与梅克夫人之间这段真挚、感人的友谊。面对这份实质上已经超越了爱情与亲情的友谊，我想我们必须要亲切地称它为“蓝色的友谊”，以表达柴可夫斯基和梅克夫人之间微妙的关系。

梅克夫人的本名叫作娜杰日达·菲拉列多芙娜，她是交通道路工程师冯·梅克的遗孀，因此人们会叫她“梅克夫人”。梅克夫人于 1831 年 1 月 29 日出生在一个中产阶级家庭。父亲是一位庄园主，酷爱音乐；梅克夫人从小受到父亲的影响，对音乐也十分感兴趣并且接受了良好的音乐教育。她的母亲是一位贵族，文化修养极高，在母亲的影响下，娜杰日达·菲拉列多芙娜成长为一个知书达理同时又独立自主的女人。

1848 年，17 岁的娜杰日达嫁给了冯·梅克成为梅克夫人。她的丈夫比她大 12 岁，因此他对梅克夫人的爱还包含父兄式的关怀。1876 年冯·梅克 50 岁时死于心脏病，留

梅克夫人

下了38岁的梅克夫人和11个孩子，其中最大的24岁，最小的只有4岁。他给母子12人留下了相当大的一笔遗产。

因为对于音乐有着痴迷的爱好，梅克夫人一直和尼古拉·鲁宾斯坦保持着联系。她还常常会从国外请来著名的音乐家来自己家里工作，为她编曲、伴奏。梅克夫人的府上永远不缺音乐师，甚至是著名音乐师，比如德彪西就曾经给梅克夫人当过音乐师。梅克夫人对待音乐师很慷慨，给他们丰厚的报酬，同时音乐师又有很多的空闲时间可以自由支配。

梅克夫人第一次听说柴可夫斯基的名字是在她观看了《暴风雨》的演出之后，此后通过她的小提琴手，恰好也是柴可夫斯基的学生的柯代克，她更加清楚地了解了柴可夫斯基和他的音乐。她明白自己需要这样一位音乐家，而且自己需要委婉地为他增加收入使他渡过窘境，从而更好地从事音乐创作。

1876年12月，经由尼古拉·鲁宾斯坦引荐，梅克夫人与柴可夫斯基开始有了往来。梅克夫人先是委托柴可夫斯基写一首提琴曲编配钢琴伴奏曲，紧接着又让他写一首改编曲，柴可夫斯基都是很快便完成了。作为回报，梅克夫人给了柴可夫斯基相当可观的报酬并且给他写了一封致德彪西（1862—1918），19 世纪末、20 世纪初欧洲音乐界颇具影响的作曲家、革新家，同时也是近代“印象主义”音乐的鼻祖，对欧美各国的音乐产生了深远的影响。德彪西的代表作品有管弦乐《大海》《牧神午后前奏曲》，钢琴曲《前奏曲》和《练习曲》，而他的创作最高峰则是歌剧《佩利亚斯与梅丽桑德》。第一次世界大战期间，他写过一些对遭受苦难的人民寄予同情的作品，创作风格也有所改变。

德彪西

谢函，感谢他如此迅速而又认真地完成了自己的委托。柴可夫斯基对此作出了回复，对她的夸赞表示衷心的感谢，他感受到了来自别人的关心。柴可夫斯基与梅克夫人之间的蓝色友谊就伴随着这一来一往的致谢信开始了。

虽然梅克夫人和柴可夫斯基之间的友谊非常深刻，梅克夫人对柴可夫斯基也是那样的崇敬倾慕，但是梅克夫人不愿意与柴可夫斯基见面，只愿意通过通信的方式来相互了解交流。她在信里说："我曾一度衷心地热望和您本人见面，但我现在感到，您越是使我着迷，我越怕和您见面。在我看来，到那时我就不会像现在这样跟您交谈了……目前，我宁可远离您而想象您，宁可在您的音乐中和您相印。"柴可夫斯基对于梅克夫人的决定很尊重，他觉得他们有着相同的精神世界、心意相通；他非常感谢梅克夫人给予的同情与帮助，让他可以无后顾之忧地进行音乐创作。柴可夫斯基愿意为梅克夫人作曲，也愿意按照她规定的只能通信的方式来交流，因为他觉得梅克夫人在见到他后可能会发现作曲家和音乐作品并不像她想象的那样一致，这可能会影响到他们的交往。

梅克夫人生活在柴可夫斯基的音乐世界里，她可以通过音乐感受到柴可夫斯基的喜怒哀乐。她洞悉着一切关于柴可夫斯基的生活状态，并且尽自己最大可能在暗中关照他、守护他。在梅克夫人看来，柴可夫斯基是唯一一个可以给她如此深刻和巨大幸福的人，她非常需要他。而梅克夫人的友谊对柴可夫斯基而言更是“像空气一样不可缺少”，除了她提供的物质资助之外，更重要的是“她的同情与爱已经成为我存在的基石”。

虽然梅克夫人仅是与柴可夫斯基保持通信联系而没有见面，但是梅克夫人还是通过各种渠道了解到有关于柴可夫斯基生活的一切。当她获悉柴可夫斯基那段不幸的把他折磨得几乎丧命的婚姻的时候，她知道柴可夫斯基此时需要的是绝对的自由和静养，而这一切需要充足的资金作保障。梅克夫人当即帮他还清了全部债务并且决定此后每年向他提供6000卢布的资助，而且她立即给他寄去了第一笔钱款让他可以安心在瑞士静养。她把柴可夫斯基的一切看得那么重要，把帮他脱离困境看成是自己不可推卸的责任。“你要知道，你给了我多么愉快的时光，我对此是多么的感激，你对于我是如何的了不起，而我是多么需要你，恰如你一样；因此，这倒不是我来帮助你，而是帮助我自己。”梅克夫人给予柴可夫斯基的关怀与帮助是无私的、不求回报的。如果非要说她要求什么回报，那就是希望柴可夫斯基可以和她一直保持通信并且持续音乐创作。柴可夫斯基在以后的日子确实也是这样做的，他一有时间就会给梅克夫人写信，在忙的时候甚至会牺牲自己的睡眠时间来写信；他从《第四交响曲》开始每一个音符都是为梅克夫人所作。

1890 年 10 月 4 日，按照梅克夫人的说法是她濒临破产，因此不得不停止对柴可夫斯基的资助。梅克夫人给柴可夫斯基的最后一封信的最后一句话是“希望您有时还能想起我”。柴可夫斯基接到这封表示梅克夫人即将终止他们之间的通信往来的信时十分激动和气愤，他立即回信给梅克夫人但却没有收到回复。后来，他打听到梅克夫人已经渡过了经济危机，并且没有回信可能是因为她已经病得很厉害了。但是，敏感的柴可夫斯基没有去看望梅克夫人，也没有继续写信来打扰梅克夫人，他觉得梅克夫人的最后一句话伤害了自己。于是两个人保持了 14 年的通信就这样终止了，但是柴可夫斯基还是把梅克夫人当作自己最忠实的朋友放在心里。

“我们的交响曲”

柴可夫斯基在梅克夫人的鼓励下渐渐从婚姻的失败中走出，重新开始了他的音乐创作之路。此后，他的全部作品都是为这位懂他、爱他、关心他的梅克夫人所作的。柴可夫斯基在信中写道：“你知道你对我有多大的帮助呀！我是站在一个深渊的边缘，我之所以不跳进去，唯一的理由是把希望寄托在你身上，你的友情拯救了我。我将怎样报答你呢？唉，我多么希望有一个时期你可以用得着我呀！为了表示我的感谢和爱，我是什么都可以做的。”“我除了用我的音乐向你服务之外，别无他路。娜杰日达·菲拉列多芙娜，从今以后，我笔下写出的每一个音符都要献给你。当工作的欲望以加倍的力量恢复过来时，那是因为有了你的存在。而在我工作的时候，我一秒钟也不能忘记是你给了我这样一个机会，使我能进行我的事业……”

如果非要在他为梅克夫人创作的诸多作品中挑选出一首来细细品味的话，那必然是那首广为流传的《第四交响曲》，它被柴可夫斯基亲切地称为“我们的交响曲”。这其中的“我们”指的就是柴可夫斯基和梅克夫人。

《第四交响曲》的创作有一个极为复杂的背景，可谓是个人情感与社会现实相互交织，兴奋喜悦与痛苦压抑相杂糅。当时，柴可夫斯基刚刚结束了他与米柳柯娃不幸且痛苦的婚姻，仍旧沉浸在被那段失败的婚姻所折磨的境遇中，不仅思想压力极大，同时身体也日渐消瘦，可谓是心力交瘁。梅克夫人保持与柴可夫斯基通信，在信中不断给予他鼓励以及作为一个朋友的殷切问候，这些都让柴可夫斯基感受到了来自友谊的温暖。他对梅克夫人十分感激也更加珍视他们之间这段有些暧昧的友情。这种来自友情的温暖给了柴可夫斯基强大的动力继续他的音乐创作之路。

然而除了他经历的个人生活悲剧带给他痛苦之外，当时俄国混乱的社会状况也让作曲家的神经紧绷。1876 年 4 月，保加利亚革命势力发动了反对土耳其统治的起义，遭到了土耳其的残酷镇压，这激起了全世界进步人士的愤怒，也包括俄国的知识分子。保加利亚爱国者大量牺牲、血流成河，使得斯拉夫民族独立的问题变得特别尖锐。1877

年，俄国和土耳其之间的战争打响，俄国沙皇增加军费开支，大批军队开往前线；国内反革命势力日益猖獗，整个国家陷入一片恐慌与混乱之中。作为一个爱国知识分子，柴可夫斯基此时的内心非常痛苦，他想要为他热爱的祖国、热爱的人民做些什么，但是又感觉到自己的力量是如此的渺小，因此他只好用音乐来抒发自己的胸臆，把每一个音符当作一把利剑刺向黑暗的社会！

俄国和土耳其战争是指17—19世纪俄罗斯帝国与奥斯曼土耳其之间为争夺高加索、巴尔干、克里米亚、黑海等地区进行的一系列战争，断断续续前后长达241年，平均不到19年就有一次较大规模的战争，其中重要的有11次。俄国四败七胜。虽然夺取的领土不大，只有摩尔多瓦和高加索两个山地基督教小国，但打击了奥斯曼土耳其的权威，动摇了其统治。

《第四交响曲》集中反映了柴可夫斯基个人的情感生活和当时混乱、恐慌、痛苦的社会情绪。《第四交响曲》中的每一个乐句都是柴可夫斯基曾经并且正在切身感受到的，每一个乐句都是他心灵的回声。在整个创作过程中，柴可夫斯基就好像吸食了海洛因一般，痛苦并兴奋着。

柴可夫斯基在给梅克夫人的信中为她解释了这首交响曲的章节内容和思想情感：

“引子是整部交响曲的核心，它是主要乐思：这是注定的命运，这是一股命运的力量，它阻碍人们追求幸福，使你达不到目的。它嫉妒地窥伺着，不让人们得到平静和安宁，它就像达摩克利斯的剑一样高悬头顶，每时每刻都令人惴惴不安。它是永远不可制胜、不可克服的，只好顺从，只好无望地忧伤。”

第一乐章主要展现的是一种温柔甜美的梦幻。人们暂时从痛苦与绝望中逃离而沉入梦幻，一切忧愁、烦恼都被忘却，只有幸福包围着每一个人。第二乐章是追忆年轻时代的甜蜜温馨，却发现那早已过去，不论是生活满足的欢乐，还是艰难时日，抑或是无可补偿的失落，都已经渐行渐远，沉浸于往事的回忆中，忧伤而又甜蜜。第三乐章没有什么特别突出的主题，是一些不可捉摸的形象：“当你喝了一点酒，微微有些醉意时，它们就在想象中疾驰而过。心里不愉快但也不忧愁，你只是让自己的思绪自由驰骋着。突然你想起了一个喝得醉醺醺的大老粗，听见了一曲街头小调，然后远处有军队走过。它们是那么突然地来到你的脑海，毫无规律，它们是奇异而陌生的。”第四乐章反映了柴可夫斯基理智的思考。摆脱自己痛苦忧伤的命运的唯一办法就是到人民当中去，去人民的欢乐中寻找快乐。个人的痛苦与灭亡如果置身于整个人类当中是那么的渺小，渺小到不会再有伤痛。

1878 年 2 月 22 日，由尼古拉・鲁宾斯坦指挥，在莫斯科俄罗斯音乐协会的音乐会上举行了《第四交响曲》的首演，观众反应平平，这令作曲家非常伤心；同年 11 月，由纳甫拉夫尼克在圣彼得堡指挥演出了《第四交响曲》，这次演出获得了极大的成功，观众为之震撼！每个乐章演奏完之后观众都报以热烈的掌声，指挥连连向观众鞠躬致谢。柴可夫斯基的意图终于被观众感受到，这对于作曲家而言是莫大的荣幸与安慰。1893 年 5 月中旬，柴可夫斯基在伦敦亲自指挥交响乐团演奏了《第四交响曲》。

例 71

《第四交响曲》引子

《叶甫根尼·奥涅金》

《叶甫根尼·奥涅金》是柴可夫斯基的第五部歌剧作品，这部作品在后来的演出中取得了很大的成功，成为柴可夫斯基的代表作之一。但是最开始的时候，柴可夫斯基的一些同行认为他不太适合创作歌剧，因为之前他的四部歌剧中除了《铁匠库瓦拉》之外都鲜有人问津。但是，喜欢尝试不同事物的柴可夫斯基却似乎对歌剧创作有一种偏执："我在这条道路上定下了一站——歌剧，不论您怎样说我不擅长于创作这种音乐，我都将毫不犹豫地走我自己的路。"就在这样的环境中，柴可夫斯基开始了第五部歌剧的创作，在他着手正式创作之前，他给自己定了一个方向——不再像往常一样将主人公设定为历史人物或者农民来反映特定的俄罗斯民族生活，而是想要在歌剧中体现"人类心灵活动"。

一次和当时俄国著名的女歌唱家机缘巧合的谈话让柴可夫斯基开始考虑以普希金的诗体小说《叶甫根尼·奥涅金》为题材来改写歌剧。女歌唱家提议他可以尝试读一下普希金的这部作品，因为它很符合柴可夫斯基想要体现人类心灵活动的想法。柴可夫斯基认为这个提议很好，于是当晚就把普希金的原著重新读了一遍，深深地为这部作品所感动。在强烈的情感激发下，他立即写出了场次大纲，并从原诗中挑选了可以用来改编歌剧的素材，把它们交给了自己的好朋友洛夫斯基，由这位好朋友来亲自编写歌剧脚本。

普希金（1799—1837），俄国著名的文学家、伟大的诗人、小说家，现代俄国文学的创始人。19世纪俄国浪漫主义文学主要代表，同时也是现实主义文学的奠基人，现代标准俄语的创始人，被誉为“俄国文学之父”“俄国诗歌的太阳”“青铜骑士”。

普希金

《叶甫根尼·奥涅金》的原诗讲述了一个“多余人”——青年贵族奥涅金的故事。“多余人”，大多是一些想改变社会，却只停留在想象阶段，没有付诸行动，或者说是无力去改变社会的贵族青年的形象。奥涅金是生活在19世纪20年代的贵族青年，他的父母整日沉溺于纸醉金迷的生活，无暇顾及子女的教育。奥涅金从小由浅薄的法国家庭教师照管，因此他的知识十分肤浅杂乱，但对奢靡的贵族生活方式耳濡目染，无师自通。步入青年阶段，奥涅金开始涉足上流社会，宴饮、舞会和美女几乎成了他生活的主要内容，而他潇洒的风度，考究的衣着，流利的法语和机智的谈吐受到社交界的普遍赞赏，也赢得太太小姐们的青睐。但奥涅金毕竟生活在19世纪20年代，1812年卫国战争激发起来的民族意识和由西欧传入俄国的启蒙主义思潮不能不在他身上留下痕迹。他读过亚当·斯密的《国富论》和卢梭的《社会契约论》，于是对上流社会空虚无聊的生活感到厌倦和腻烦，染上了典型的时代病——忧郁症。正巧这时他乡下的伯父去世，奥涅金按照法律规定成了伯父遗产的唯一继承人。宁静的乡村生活暂时使他摆脱了城市的喧嚣和烦恼，唤醒了他的活力，他甚至着手改革，废除沉重的徭役制，代之以灵活的地租制，因而受到周围地主的非难和反对。不久，新鲜感消失，单调乏味的乡间生活又使奥涅金陷入苦闷忧郁之中。这时邻村来了一位刚从德国留学回来的青年诗人连斯基，两人性格迥异，但共同的兴趣使他们成了朋友。连斯基正在与拉林家的小女儿奥尔加热恋。在连斯基的再三催促下，奥涅金拜访了拉林家，结识了奥尔加的姐姐达吉亚娜。达吉亚娜从小落落寡合，与众不同，深受外国小说影响，厌恶周围的庸俗生活，渴望自由和幸福。奥涅金的出现搅乱了她的芳心，她断定奥涅金正是她追求的理想伴侣和人生依托。度过几个不眠之夜以后，达吉亚娜终于鼓起勇气，主动而大胆地写信给奥涅金，情真意切地表白了自己的爱慕之心。奥涅金承认达吉亚娜是位出众的少女，但他深知自己对她的恋情不会长久，也不想欺骗和玩弄对方的感情，更不愿用婚姻的锁链束缚自己的手脚，便拒绝了达吉亚娜的一片情意。受到重大感情打击的达吉亚娜痛苦不已，日益憔悴。在达吉亚娜的命名日宴会上，奥涅金见到她愁容不展，便怪连斯基不该约他前来赴宴。他故意与奥尔加调情，想以此捉弄连斯基。容易冲动的连斯基觉得受到了污辱，要求与奥涅金决斗，结果死在朋友的枪下。奥涅金悔恨无比，便出国旅游。异国他乡的风情并没有驱散他心头的苦闷和失望，他终于返回圣彼得堡。这时达吉亚娜在母亲的安排下已经嫁给一位战功赫赫的将军，成了社交界的名人。奥涅金在一次舞会上见到了达吉亚娜，得知她已成了大名鼎鼎的公爵夫人，竟像孩子似的爱上了她。奥涅金无法忍受苦恋的煎熬，连连投书于达吉亚娜倾诉衷肠，但达吉亚娜都不加理会。奥涅金按捺不住，贸然闯入达吉亚娜私第，只见她独自一人在捧读他的信，眼中噙满了泪水。他跪倒在她的脚下，狂吻她的手。沉默良久之后，达吉亚娜承认自己内心仍然保持着对奥涅金真诚的爱，但她的命运已定，幸福无法挽回，她已经嫁人，因而将一辈子忠于丈夫。

亚当·斯密（1723—1790），英国古典政治经济学体系的建立者。代表英国工厂手工业已高度发展、产业革命开始时期资产阶级的利益。主张自由竞争，抨击重商主义，对英国经济政策的制定曾起过重大作用。亚当·斯密一生与母亲相依为命，终身未娶。

卢梭（1712—1778），法国伟大的启蒙思想家、哲学家、教育学家、文学家，是18世纪法国大革命的思想先驱，启蒙运动最卓越的代表人物之一。主要著作有《论人类不平等的起源和基础》《社会契约论》《爱弥儿》《忏悔录》《新爱洛绮丝》等。

因为柴可夫斯基的出发点是想要在歌剧中体现“人类心灵活动”，因此他在歌剧创作过程中并没有过多地展现原著中的故事情节与具体的事件，而是着重表现主人公的情绪变化和他们波澜起伏的内心世界。他在原诗的基础上进一步将剧中人物对幸福的向往和他们的悲剧命运之间的冲突尖锐化，使得达吉亚娜、奥涅金、连斯基等人的形象更加富有悲剧色彩，将人物的悲惨命运推向了高潮。

在歌剧《叶甫根尼·奥涅金》中，柴可夫斯基成功地实现了创作普通人生活戏剧的美学思想和艺术追求。这是一部朴实无华、生动真实、充满诗情画意的歌剧，其重心在于刻画不同人物的个性和抒发他们的内心情感，因此作曲家并未称呼它为歌剧，而是称它为“抒情场景”。

这部剧的进展速度很快，1878 年 2 月，柴可夫斯基便完成了这部歌剧，同年 12 月在莫斯科音乐学院戏剧节上举行了首演。次年 3 月下旬在莫斯科小剧院正式上演，由尼古拉·鲁宾斯坦指挥，莫斯科音乐学院的学生演出。演出获得了极大的成功，在闭幕时，作曲家不止一次的被观众邀请到台上，获得了观众极高的赞誉。同时，这部作品在音乐节上也得到了好评。尼古拉·鲁宾斯坦评价道：“这是俄罗斯艺术的伟大成就。”俄国著名作家屠格涅夫也出席并观看了排练，他认为这部歌剧“音乐迷人、火热，有青春气息，异常美好而富有诗意”。柴可夫斯基本人也对这部作品非常满意。在写给梅克夫人的信中，他毫不掩饰自己的欣喜之感：“总之，大家都毫无例外地向我表示了对《叶甫根尼·奥涅金》的喜爱，其强烈和真挚程度令我十分惊喜。”

之后，《叶甫根尼·奥涅金》又分别于 1881 年和 1884 年在莫斯科和圣彼得堡举行了几次大的演出，轰动了莫斯科和圣彼得堡。观看过的观众无一不对柴可夫斯基表示了高度的赞赏。之后，又在梯比利斯、哈尔科夫、基辅、喀山等俄国其他城市上演，并在国外举行了演出。一时之间，不仅俄国人民甚至整个欧洲都为之疯狂。1888 年 12 月 6 日，

歌剧《叶甫根尼·奥涅金》

屠格涅夫

屠格涅夫（1818—1883），19 世纪俄国有世界声誉的现实主义艺术大师。他的小说不仅迅速及时地反映了当时的俄国社会现实，而且善于通过生动的情节和恰当的言语、行动，通过对大自然景色的描述，塑造出许多栩栩如生的人物形象。他的语言简洁、朴质、精确、优美。代表作有《贵族之家》《阿霞》《前夜》《父与子》《处女地》等。

《叶甫根尼·奥涅金》在捷克的布拉格国家剧院上演，当时的指挥德沃夏克评价说："这是一件惊人的作品，充满着真挚的感情和诗意，同时又表现得惟妙惟肖；总之，音乐是迷人的，它深入人心，使我们永远不能忘记，每当听到它时，我就觉得被带入了另一个世界。"这部作品在历经巡演后也成为俄国和欧洲许多剧院的保留曲目。

第4章：浪迹天涯的作曲家

别了，莫斯科

1878年秋，柴可夫斯基去圣彼得堡看望年迈的父亲。在圣彼得堡的日子里，天气很糟糕，阴雨连绵，到处弥漫着潮湿发霉的味道，柴可夫斯基的心情也是一样糟糕。哥萨克的巡逻兵布满街头，土俄战争中打了败仗的俄国军队正在狼狈地撤退。土俄战争结束后，俄国当局一片混乱，国内局势十分动荡，政府在国内采取的高压政策使成千上万的激进青年惨遭厄运，冷漠的民众如行尸走肉一般存活在这个国家里，俄国陷入恐怖之中。柴可夫斯基和许多知识分子一样，为祖国的命运担忧，同时也为自己的前途担忧。

婚姻失败的阴霾还在继续笼罩着柴可夫斯基，即使他在布莱洛夫庄园度过了一段快乐而又宁静的日子也不能完全消除他内心的伤痛，即使已经过了一年的时间也无法抚平他累累的伤痕，他感到自己不想与人接触，尤其是不愿意和社会上所谓的名流交往。他厌烦无穷无尽的宴会，厌烦不得不去的拜访，甚至连别人不断地祝贺与打招呼他都觉得很厌烦。他想要找一个真空的环境把自己隔绝起来，只和自己的亲人来往，和梅克夫人写信，然后一心专注于自己的音乐创作，不去想那些世俗的事情。

想要逃离莫斯科的这颗种子在他脑海里生根发芽越长越壮，即使在音乐学院教书的时候他都会感到浑身不自在，他发现在这里完全不能进行音乐创作，毫无灵感。柴可夫斯基每天想的事情只有一件，那就是想办法早日离开这个无法适应的环境。终于，这种情绪在一次宴会之后全面爆发。当时，尼古拉·鲁宾斯坦从巴黎回到了莫斯科，他刚刚从巴黎博览会指挥演出回来。在巴黎演出的最后一场音乐会上，尼古拉·鲁宾斯坦再次指挥演奏了柴可夫斯基的《第一钢琴协奏曲》，演出轰动了整个巴黎，观众反应极好。在这次尼古拉·鲁宾斯坦的接风宴上，他把柴可夫斯基大大夸奖了一番，说：“拥有柴可夫斯基这样的杰出人才是音乐学院应该引以为荣的。他的作品给巴黎听众留下了极为深刻的印象。”在场的人听到尼古拉·鲁宾斯坦这样说，全部都起身和柴可夫斯基打招呼并且与他攀谈，甚至那些平时从来没有和柴可夫斯基说过话的人此时也都走了过来，仿佛他们早就认识了一个世纪那样久远，这令柴可夫斯基感到恶心。柴可夫斯基一直不太习惯这样的场面，尤其是在他本来就对莫斯科的生活感到厌烦的时候，他更加觉得这种无谓的应酬和交际只会给他的生活增加烦恼和苦闷。他觉得自己已经忍无可忍了，他不想再这样痛苦地在莫斯科生活下去，于是第二天他就向尼古拉·鲁宾斯坦递交了辞呈离开了音乐学院。

当年 10 月 18 日，柴可夫斯基上完了他在音乐学院的最后一堂课。19 日音乐学院为他举行了告别晚会，尼古拉·鲁宾斯坦还有尤尔根松、卡什金、塔涅耶夫、阿尔别列契特等好友都前来与他话别。晚会一结束，柴可夫斯基便急忙离开了朋友们踏上了开往圣彼得堡的火车。

在飞驰的列车上，柴可夫斯基的思绪也随列车的奔驰而纷飞着。他在莫斯科度过了生命中最精彩的十三个年头，从1866年1月他26岁登上音乐学院的讲台开始，他的青年时代全部在这里度过。这里是他音乐生涯的真正起点，是他走向成功的开始。“毫无疑问，如果命运不把我拖向我住了十二年多的莫斯科，那我将不可能做出我所做的一切。”莫斯科是他第二次成长的地方，这是个美丽的城市，这里有着许多的光明和美好；但是那次失败的婚姻还是一直笼罩在他的心头，让他触景生情，无法摆脱莫斯科带给他的苦涩和哀愁。他要寻找一个可以让他有创作灵感的地方，而那必然不是莫斯科，因此他能做的只有逃离。他要过自由的无拘无束的可以全身心投入音乐的生活，他要过没有人打扰没有那么多无谓的交际应酬的生活，他要过可以随心所欲安心静养的生活！

是的，别了，莫斯科！柴可夫斯基在黑夜里给了莫斯科一个吻，他不会忘记这座他生活了将近十三年的城市——美丽而又令人忧伤的莫斯科。

为铃兰写诗

柴可夫斯基平日里除了作曲之外还会做一些其他事情来消磨时光，比如写诗。在他写的不多的诗歌中，他最为满意的一首是《铃兰》。

铃兰是俄国常见的花，也深为俄国人喜爱。关于铃兰的民间传说有很多，其中最著名的是说它是少年烂兑施（铃兰的俄语音译）的伤心之泪。美丽的少年爱上了春姑娘，但是春姑娘没过多久就移情别恋将少年抛弃，于是少年伤心欲绝，晶莹的泪珠变成了铃兰似的小白花，心里滴出的血将铃兰的果实染红。关于铃兰的传说还有一个比较主流的版本是说海上女王沃尔霍娃爱上了少年萨特阔，而少年把自己的感情奉献给姑娘柳巴娃。得不到爱人的海上女王来到岸上，她十分伤心以至于哭了起来，泪珠落下的地方开出了大片洁白的铃兰花。女王一边走一边哭，她走过的地方一片汪洋，后人称之为沃尔霍夫海湾和沃尔霍夫河，河水清澈见底，如同女王晶莹的泪花，而且透着些许忧愁，仿佛女王忧伤的眼眸。在俄国人心中，铃兰是纯洁、温柔、忠实、爱情等最美好事物的象征，但同时因为种种悲情的传说，人们提到铃兰时总会有一些忧伤的意味。在俄国人眼里，铃兰还有帮助人们顺利处理各种事情和完成计划的神奇魔力。

铃兰

我们敬爱的作曲家柴可夫斯基对铃兰情有独钟，亲切地称它为“百花之王”。在诗歌《铃兰》中我们可以感受到柴可夫斯基对铃兰花深深的喜爱和由衷的赞美。

春天我最后一次采摘我的花朵，
那心爱的忧伤挤压在我的胸口
向着未来我真诚地祈愿：
哪怕让我再看一眼我的铃兰，
它们现在已经枯萎凋零。
夏天飞逝而去，白昼变短，
已经没有了鸟儿的合唱，
太阳也远离了我们，
落叶如毡铺满了林地。
然后是严峻冬日的来临，
森林将穿上白色的衣裳。
我忧伤地徘徊，痛苦地期待，
期盼春日的阳光再把天空温暖。
无论雪橇的飞跑还是舞会的光华与喧闹，
无论聚会、戏剧还是美酒佳肴，
或是壁炉里那隐隐燃烧的微火，

这一切都不能唤醒我们的欢笑。

我期待着春天的辉光，

瞧，这春之女神来了！

树林卸下冬装，为我们准备绿荫。

冰河融化，

我久盼的日子终于来临！

快快到树林里去！

我在熟悉的小径上飞跑。

难道真是理想实现，梦已成真？

对，这正是它！

我俯身于大地，

用我颤抖的手摘下这春之女神的赠品。

啊，铃兰！

为什么你这般令人欢喜？

虽有花朵比你芬芳绚丽，

它们有多姿多彩的花瓣，却没有你那神秘的美丽。

你美的奥秘深藏在哪儿？

你向灵魂倾诉着什么？

你勾魂摄魄的魅力来自何方？

也许你是幻影，再现着往昔的欢乐？

或许你把未来的幸福向我们应允？

我全然不知，全然不知你的神力呵！

而你的馨香如美酒暖我心扉令我心醉，

如音乐让我心驰神迷屏住呼吸，

如爱的火焰把我的双颊亲吻。

朴素的铃兰，你开花时我感到幸福，

冬日的寂寞已去无踪影，

内心的阴霾也一扫而尽。

我忘却苦难，怀着陶然的欣喜迎接你，

而你却已枯萎凋零。

乏味的生活日复一日，静静地流逝，

更大的痛苦在向我袭来，

折磨我的是那恼人的理想——

我企盼那五月的幸福再度降临

有朝一日春又苏醒，

充满生机的世界将挣脱桎梏跃然而生。

然而时间已到，人世间将不再有我，

像所有的人一样我将迎接命定的死亡。

那里会有什么呢……

在死亡的时刻，受召后我飞翔的灵魂，

将去向何方?

没有答案!沉默吧!我不安分的心灵,

你不会知道永恒把什么赐给了我们。

然而,我们和整个大自然一样渴望生命,

我们呼唤你,等待你,春天的女神!

大地的欢乐对于我们是如此亲切和熟悉——

而敞开的坟墓竟是这般黑暗沉沉!

然而,我们和整个大自然一样把生命渴望,

我们呼唤你,等待你,春天的女神!

大地的欢乐对于我们是如此亲切和熟悉——

而敞开的坟墓竟是黑暗无比!

柴可夫斯基对自己的这首诗歌极为满意,一写好就马上给莫杰斯特寄了过去,并希望弟弟妹妹和好友们都可以看到他的诗作。当然,他还迫不及待地把这首诗连同一封感情真挚、饱满,表达了他对梅克夫人无限留恋的信一起寄给了梅克夫人,他希望梅克夫人可以看到他的诗作,感受到他的心。

随想意大利与《1812 年序曲》

1879 年底，柴可夫斯基动身前往罗马，他的众多亲朋好友——莫杰斯特、康德拉齐耶夫一家人正在那里等着他。在那里，柴可夫斯基度过了非常愉快的一段时光。在朋友的陪同下，柴可夫斯基参观了阿皮亚公路，瞻仰了圣彼得大教堂、圣母玛利亚大教堂以及梵蒂冈的西斯廷教堂。在西斯廷教堂里，柴可夫斯基有幸亲眼看到了文艺复兴时期巨匠米开朗琪罗的著名雕像作品《摩西》，柴可夫斯基伫立在雕像面前，感受着这件作品的高大神圣；追忆伟人，一种敬佩之情油然而生。他们一行人还去体验了罗马圆形剧场的魅力。在罗马的这段日子里，柴可夫斯基和朋友们经常会在晚上去剧院的包厢里观看意大利歌剧，体会异国他乡的别样风情。由于柴可夫斯基此次意大利之行时间很充裕，因此他在这里度过了 1880 年的新年狂欢节。意大利人民全部都盛装打扮，他们唱着、跳着、嬉戏打闹着，一片欢乐祥和的景象；民间艺术家和街头歌手们在街边弹唱，古老的意大利民歌飘进了柴可夫斯基的耳朵里，就像被电流击中一般，柴可夫斯基为这些古老的意大利民歌而疯狂！他把这些古老优美的民歌主题一一记下，打算以后用于自己的音乐创作中去。后来他们又去了拿波里的卡普里岛，那里鲜花盛开，景色宜人；海风轻轻拂面，金色的阳光洒在人的脸上，在午后的沙滩漫步是一件多么令人愉悦的事情！

圣彼得大教堂是罗马基督教的中心教堂，欧洲天主教徒的朝圣地与梵蒂冈罗马教皇的教廷，位于梵蒂冈，是全世界第一大教堂。

这段美好的经历让柴可夫斯基心情非常愉悦，后来，他为此写作了一曲《意大利随想曲》，记录了意大利的美好风光、文艺复兴时期留下的文化精髓、热闹欢快的节日以及骑兵营传来的阵阵号角声。整首作品洋溢着热烈、欢快的节日气氛，给人一种沁人心脾的美妙感觉。

圣彼得大教堂

西斯廷教堂始建于1445年，由教皇西斯都四世发起创建，教堂的名字“西斯廷”便是来源于当时的教皇之名“西斯都”。教堂长40.25米，宽13.41米，高20.73米。是依照《列王纪》第6章中所描述的所罗门王神殿，按照比例所建。西斯廷教堂是罗马教皇的私用经堂，也是教皇的选出仪式的举行之处。

西斯廷教堂

文艺复兴是指13世纪末在意大利各城市兴起，以后扩展到西欧各国，于16世纪在欧洲盛行的一场思想文化运动。文艺复兴带来一段科学与艺术革命时期，揭开了近代欧洲历史的序幕，被认为是中古时代和近代的分界。马克思主义史学家认为其是封建主义时代和资本主义时代的分界。具体指13世纪末期，在意大利商业发达的城市，新兴的资产阶级中的一些先进的知识分子借助研究古希腊、古罗马艺术文化，通过文艺创作，宣传人文精神。

罗马圆形剧场

早在公元前43年，古罗马人就在里昂建成了豪华的古罗马圆形剧场。公元2世纪时，古罗马圆形剧场空间内增加了1.1万个座位，可见当时古罗马圆形剧场演出的盛大景象。如今，里昂的考古学者几经研究，重建了当时可以增进音响效果的舞台结构，其等比例缩小模型展示在博物馆中。古罗马圆形剧场是一大一小两个半圆形剧场，至今仍然保存完好，并不仅仅是个供游客参观的古建筑，不时还会举办大型音乐会、演奏会、歌剧等演出。可以容纳一万名观众。

1880年12月，这部作品由尼古拉·鲁宾斯坦担任指挥，在莫斯科进行了首演，观众都非常喜欢这首曲子，演出获得了极大的成功，后来又陆陆续续演出了很多次。这部作品使得柴可夫斯基在欧洲的名气更加响亮，他去看戏的时候经常会被旁边的观众认出来，人们往往会惊叹道："您就是伟大的作曲家柴可夫斯基吧！"柴可夫斯基往往会很友善地对他们点头致敬。我们的作曲家一直不太适应成为公众人物，因此他在日常生活中的交际范围也很窄，来往的人除了亲人朋友就是和作曲及文学有关系的一些人，但这丝毫不影响作曲家对观众的爱。柴可夫斯基经常会在演出结束后被观众请到台前，而他也很乐意和观众们见面。

1881年在莫斯科将举行一场声势浩大的莫斯科博览会，从意大利回到莫斯科后，柴可夫斯基应尼古拉·鲁宾斯坦的要求为这次博览会写作一首曲子。尼古拉·鲁宾斯坦给柴可夫斯基提供了三个思路选择：博览会开场；庆祝亚历山大加冕25周年；天主教堂落成。柴可夫斯基选择了第三个主题——天主教堂落成，这让他联想起俄法战争中俄国人民英勇抗战的故事，而这座天主教堂是在1812年拿破仑入侵俄国时被毁掉的。

《1812年序曲》是一首广场演奏曲，听众是广大的市民，由于他们都只是普通听众，因此一向非常贴近人民的作曲家采用了庞大的乐队编制使作品更为通俗易懂。乐曲中有炮声，有教堂钟声，还用了一些人们熟悉的歌曲作为音乐主题，营造出一种“很响很闹”的气氛——轰隆隆的炮声，厮杀声，俄国人民英勇抗敌时吹响的号角声。它真切而又深刻地表现了俄国人民在反抗法国侵略过程中那英勇无畏的气概和爱国主义精神。这部作品后来成为柴可夫斯基最受欢迎的作品之一，而它在1941年以后的反法西斯卫国战争中也起到了重要的动员作用。这部反映俄国人民英勇无畏抗战杀敌气概的作品在斯拉夫国家广为流传，脍炙人口，为柴可夫斯基赢得了极好的口碑，使得柴可夫斯基成为老少皆知的人物。

反法西斯卫国战争是1941—1945年，苏联人民为反对法西斯德国及其欧洲、亚洲盟国侵略而进行的战争。1939年9月，第二次世界大战全面爆发。1940年6月，法国投降。同年7月21日，阿道夫·希特勒下令秘密制定进攻苏联的《巴巴罗萨计划》，其主要内容以闪电战战略为基础，包括进攻、占领和肢解苏联的一切计划和细节。

第一部三重奏

1881 年 3 月，正当柴可夫斯基为了躲避在罗马不得不参加的各种各样的贵族社会的宴会应酬而旅居那不勒斯时，他得到了关于尼古拉·鲁宾斯坦于巴黎病逝的消息。柴可夫斯基接到这个消息后心情十分悲痛，立即动身赶往巴黎，可惜他还是没有赶上尼古拉·鲁宾斯坦的遗体告别会。3 月 25 日，柴可夫斯基参加了在巴黎举行的尼古拉·鲁宾斯坦的第一次葬礼并且在《莫斯科公报》上发表了悼念尼古拉·鲁宾斯坦的文章，对他的光辉事迹给予了高度评价。柴可夫斯基曾说："尼古拉·鲁宾斯坦作为艺术家，我一贯对他有高度评价，作为一个人，我对他并无亲近之感（尤其是最近一个时期）。现在当然，除了他的优点以外，其他一切都被忘掉了，而他的优点是多于缺点的。我不用说他对于民众的意义，只要想到他是无可替代的人物这一点就够了。”

柴可夫斯基虽然因为和尼古拉·鲁宾斯坦就对作品的意见和作曲风格有些不同看法而有些摩擦和不愉快甚至冷战，但是他内心还是无比的崇拜、尊敬与感谢尼古拉·鲁宾斯坦的。虽然尼古拉·鲁宾斯坦总是打击柴可夫斯基的自尊心和否定他的才华，但是在柴可夫斯基的音乐生涯中，尼古拉·鲁宾斯坦却是决定性的人物。是他在20多年前将柴可夫斯基引上了正规的作曲道路，给予他知识和发挥的平台；是他把刚刚从音乐学院毕业的毛头小子引入莫斯科，给他提供了可以在莫斯科立足的基本条件；是他在大多数情况下担任柴可夫斯基作品的首演指挥，将柴可夫斯基的作品向世人展现传播；就连柴可夫斯基和梅克夫人的相识也是尼古拉·鲁宾斯坦引荐的。可以说没有尼古拉·鲁宾斯坦也就不会有今天我们熟知的柴可夫斯基。因此，不管柴可夫斯基曾经对尼古拉·鲁宾斯坦有过怎样的负面情绪，他在柴可夫斯基心中的地位还是无可动摇的，他的逝世使得柴可夫斯基的内心遭受了巨大的打击，柴可夫斯基沉浸在巨大的悲痛当中。

为了纪念这位恩师加挚友，柴可夫斯基为他写作了一部钢琴、小提琴、大提琴三重奏曲——《a 小调钢琴三重奏》，这也是他第一次尝试这种创作方式。这部三重奏的旋律极富表现力，同时也可以算作一部极佳的交响乐。它由两个乐章组成，第一乐章为《哀歌》，采用奏鸣曲式。乐曲一开始是哀婉悲伤的第一主题，先由大提琴、后由小提琴陈述表现，乐曲深沉忧郁、委婉缠绵，似乎在诉说着作曲家悲伤的心情；第二主题则较为明朗有力、舒缓流畅，让人想起作曲家和尼古拉·鲁宾斯坦曾经共同拥有的那段愉快的岁月。乐曲的发展部由这两个主题交织而成，忧伤挥之不去、思念难以解脱，往日的一幕幕又在眼前重现，让人难以忘怀。小提琴的哀婉缠绵，大提琴的深沉而温暖，钢琴的平静温和，三者交融，完美地融合成一曲难分难舍的挽歌。乐章最后的尾声中又出现第三个主题，宁静温暖、委婉缠绵、依依难舍。第二乐章由 12 段变奏和尾声构成，其基本主题是一首俄罗斯民谣，也是尼古拉·鲁宾斯坦生前最喜爱的旋律之一，乐曲宁静舒展、温柔明朗、灵巧精致。随后主题分别由小提琴、大提琴重述，温暖流畅、舒展自然；第三变奏模仿尼古拉·鲁宾斯坦家中收藏的“音乐钟”，乐曲灵巧欢快、活泼跳跃，轻松自然；第四变奏则温暖舒展，稳重而略带忧伤；第五变奏别称“音乐盒”，乐曲清脆活泼，轻巧明亮；第六变奏是一首优美抒情的圆舞曲，温暖舒展，婉转流畅；第七变奏再现了第一乐章的第二主题，由钢琴奏出庄严辉煌、雄壮有力的旋律；第八变奏模仿巴赫曲风，乐曲稳重凝练、自然流畅，颇具巴洛克的典型风格；第九变奏则是舒展和缓、温柔宁静；第十变奏模仿肖邦的波兰舞曲，灵巧活泼、轻快跳跃；第十一变奏又是宁静温婉、轻柔舒展；最后的第十二变奏以热烈的进行曲开始，乐曲情绪高昂，勇往直前，肆意挥洒，充满激情与活力；随后转为哀婉悲伤的第一乐章第一主题，充满悲愤与痛苦；乐曲渐渐归于平静，最后在葬礼进行曲中渐行渐远，逐渐消失。这是柴可夫斯基所写的变奏曲中最多姿多彩的一部。通过色彩纷呈的音乐和变幻无穷的旋律形象地表现了伟大音乐家尼古拉·鲁宾斯坦成果斐然的艺术生涯和对音乐事业不朽的贡献。

这首作品于 1882 年 1 月完成，是柴可夫斯基非常著名的一首曲目，在乐坛上也极受欢迎。

第5章：音乐人生的巅峰

尤里娅·彼得洛夫娜

一般而言，人们对艺术家总会有那么些或多或少的天生的好感，尤其是柴可夫斯基本身就有一种自然散发出的无法阻挡的魅力，因此喜欢他的人很多，尤里娅·彼得洛夫娜就是其中一个。柴可夫斯基和彼得洛夫娜是在他着手将话剧《女巫》改编成歌剧时认识的。彼得洛夫娜是话剧《女巫》的作者伊波利特·瓦西里耶维奇·什帕任斯基的妻子，同时也是一个家庭不幸的女人，她有两个孩子，柴可夫斯基在日后与她的通信中还渐渐发现这个女人也有很好的创作才能，虽然这项才能总是被那些专业的审稿人所怀疑。作为一个有着不和谐婚姻生活甚至被家暴的女人，当她看到风度翩翩还非常有才气的作曲家柴可夫斯基时，她自然而然地对他萌生了好感并将她炽热的内心急不可耐地展示给了柴可夫斯基。而对于本身对女人就很头疼而且还遭受了一场差点要了他命的不幸婚姻的柴可夫斯基而言，他能做的只有给予这个可怜的女人以同情和鼓励，并尽自己的所能帮助这个离异后还要独自抚养两个孩子的无助的女人谋一份差事，使她们能够度日。

尤里娅·彼得洛夫娜与柴可夫斯基的故事要从 1885 年 1 月开始。那时为了和什帕任斯基合作改编《女巫》，柴可夫斯基到什帕任斯基家拜访了好几次，每一次都会边吃饭喝茶边商谈有关歌剧脚本的事情，每次谈到剧本柴可夫斯基就常常忘了时间，不知不觉就在什帕任斯基家待到了深夜。长时间的逗留使得柴可夫斯基觉得非常不好意思，但是这家的女主人彼得洛夫娜却显得非常高兴，这与她平时郁郁寡欢的表现很不一样；而且，彼得洛夫娜经常会找出各种理由盛情邀请柴可夫斯基到他们家做客，面对这样的邀请柴可夫斯基总觉得有些不自在，但是考虑到可以去继续探讨脚本，他还是经常应允并赴约。

生性敏感的柴可夫斯基可以感觉到这位夫人对自己的感情，他也可以感觉到这位夫人平时的郁郁寡欢多半来自她的丈夫，但是如我们的作曲家一贯的作风，他十分注意和这位夫人保持恰当的距离，并且在对待剧作家夫人时他也很注意分寸。他往往不会贸然拒绝彼得洛夫娜的邀请，如果因故不能赴约也会很礼貌地写信致歉。但是每次柴可夫斯基写的信都十分简短，而且只是交代一下自己不能赴约的原因。而这位剧作家夫人则要热情得多，她每次都会回信，每次的回信都很长很长，仿佛想要把自己这辈子想对柴可夫斯基说的话全部写在那一张纸上。她会在信里写到自己的生活状况，也常常诉说自己很喜欢作曲家的音乐和听完每首作品的感受和感动，她会经常称赞柴可夫斯基的作品和他本人，甚至有些话明眼人一看就可以看出那是十分坦率的表白。在收到这些信之后，柴可夫斯基只好故意降温，回信说自己没有彼得洛夫娜想象的那么好。

虽然柴可夫斯基想要和她刻意保持距离，但是一旦她可以令柴可夫斯基感动，那么柴可夫斯基也不是那么排斥给她写几封信的，而这个转机就在 1886 年 3 月 23 日柴可夫斯基的《曼弗雷德交响曲》音乐会演奏取得成功后出现了。这部作品凝聚了柴可夫斯基很大的心血，也是他曾经认为的自己最好的一部作品，因此他很希望能被大家认同。这里我们有必要对《曼弗雷德交响曲》作一个介绍。

这是一首无序号的b小调标题交响曲，作品58号。这是柴可夫斯基受“五人强力集团”之一的巴拉基列夫委托，根据拜伦的同名诗剧中的四个场面创作于1885年，并于1886年3月23日首演的作品。在这部诗剧中，主人公曼弗雷德对知识和生活感到厌倦和失望，从而放弃对生活的任何探求。他不愿再在人群中生活，独自躲在阿尔卑斯山上的一座人迹罕至的房子里，拒绝向诸命运之神和众精灵之王屈膝，拒绝修道院院长的挽救，一心寻求遗忘，宁愿在孤寂中死去。柴可夫斯基对这部作品的创作表现了极大的热情，作品写完后他给巴拉基列夫写信道：“《曼弗雷德交响曲》完成了……在我一生中从来没有这样努力过，也没有由于工作而觉得这样疲倦，交响曲依照您的提示而写成了四个乐章……自然，它是献给您的。”

作品共分四个乐章，也就是四个场面：

1. 悲哀的慢板。柴可夫斯基自己写作的说明是：“曼弗雷德在阿尔卑斯山中徘徊。”由于为毫无指望的强烈痛苦和对罪恶的过去的回忆所折磨，他忍受着极大的精神痛苦。曼弗雷德完全陷入神秘的魔法控制之中，并与地狱的强大势力交往。但是世上没有任何人或任何东西能使他忘记徒然追求而留下的痛苦印记，而对热恋过又死去的爱丝塔蒂的回忆，又撕碎了他的心，曼弗雷德极度的绝望永无止境。

2. 谐谑曲，标题为“阿尔卑斯山的精灵”，b 小调。柴可夫斯基的解说是：“阿尔卑斯山的魔女在瀑布急流上的彩虹中出现在曼弗雷德面前。”音乐体现了大自然的美和生机勃勃的景象。中段如歌的旋律，充满了田园诗意，优美深情，十分动人。进入高潮时，出现曼弗雷德主题，仿佛是主人公在回味着人间的悲苦。

3. “间奏曲”式的行板、活泼轻快的牧歌，标题为“乡村生活”，G 大调，回旋曲式。柴可夫斯基的解说为：“田园诗，山民的淳朴、清贫和自由自在的生活场景。”先用双簧管表现远处传来牧人歌声的旋律，圆号持续后，英国管与单簧管反复牧歌情调。远处传来钟声，长笛与英国管、单簧管再反复牧歌部分。曲速转快后，描写山民朝气蓬勃的快乐生活，独奏双簧管、英国管、单簧管，重复主题开头而结束。

4. 热情如火的快板，标题为“地下的阿里曼宫殿”，b 小调。柴可夫斯基的解说为：“阿里曼的殿堂，地狱的宴饮。曼弗雷德在狂宴中出现，爱丝塔蒂的幽魂显灵。曼弗雷德得到饶恕。曼弗雷德之死。”地狱的统治者阿里曼的王国，在拜伦诗中寓意为世界罪恶的代表。曼弗雷德之死，即尾声，重现第一场结尾的葬礼进行曲，是整部作品的高潮，最后出现一段庄严的《安魂曲》，曼弗雷德的新主题在中世纪歌调《愤怒的日子》的背景上，出现在管风琴平静而宏伟的圣咏中，他得到了宽恕。他的灵魂得到了凌空高飞。

在这首曲子中，柴可夫斯基用上了英国管、低音单簧管、小号、竖琴和簧风琴来作为配器，是柴可夫斯基交响曲作品中使用配器最多的一首。

柴可夫斯基曾一度认为《曼弗雷德交响曲》是他一生中最好的交响曲，可惜其在首演后的评论却毁誉参半，其中以“强力集团”之一的居伊最为不客气。他认为柴可夫斯基在音乐中只突显曼弗雷德的阴沉和贵族气质，完全失去了他们所倡议的“区别于欧洲古典音乐的具有鲜明俄罗斯特色的浪漫派音乐”的要求。而柴可夫斯基的好友，乐评家赫尔曼·拉罗恰虽然语气较为委婉，但也不看好这部作品。朋友们的消极评论严重打击了柴可夫斯基，这令他一度打算将乐谱销毁，但后来还是保留了下来。由于该乐曲所动用的配器较多，规模较大，对乐手的技术要求相比其他交响曲亦较高，故此曲直至现今，虽然名气并不逊于第四、第五和第六交响曲，但演奏次数却比以上三首少得多。

就是这样一首饱含着柴可夫斯基心血但却又极难被完美演绎的交响曲，被深深崇敬着柴可夫斯基并且钢琴弹得很好的尤里娅·彼得洛夫娜听懂了，她感受到了作曲家内心的东西，她在听完这首曲子演奏的当晚就给柴可夫斯基写了一封信，极尽可能地陈述了自己对这首乐曲的喜爱和对柴可夫斯基的理解与热爱，她在信里面说自己可以体会出柴可夫斯基内心的情感，这绝不仅仅是简单的叙述拜伦的悲剧故事，而是掺入了作曲家自己的经历和情感。她体会到了这部交响曲反映出来的人们在现实生活中产生的难解的困惑，也可以感受到作品中传达出来的受尽苦难折磨的人们的不幸命运和作曲家对他们的关心与同情。而这首恢弘却又伤感的交响曲也引起了彼得洛夫娜自己的强烈共鸣，她想到了她的丈夫，她的家庭，她不幸的命运……她将自己心里种种所想全部落于纸上，毫无保留地向柴可夫斯基倾诉着。这封感情真挚又大胆直白的信深深地打动了作曲家，他很快回了一封充满真挚情感的信，在信里他写道："您知道，我对您那里所发生的一切都极为关心，希望今后能经常收到您的信。"

饱受生活苦难的尤里娅·彼得洛夫娜在收到柴可夫斯基这封感情真挚的回信时就像一个处于死亡边缘的人突然抓住了一根救命稻草，即便知道它并不牢固，但她还是不肯放过任何可以和柴可夫斯基进一步接触交流的机会。她继续更加大胆地写信给他，把自己对生活的看法和自己的全部痛苦都告诉柴可夫斯基，并且告诉柴可夫斯基为什么自己如此的信任他，想要与他成为终生的朋友。

柴可夫斯基面对着越发频繁的来信感到很为难，既不能不回复，因为那样会显得自己太没有礼貌了；又不能过于热情地回复，因为那样可能会让彼得洛夫娜误会。于是有一天，柴可夫斯基在回信中，很巧妙地表明了自己的立场："我曾对您说过，我常常第一眼就能判定一个人的品格。从第一次见到您，我就觉得您是一个很让人喜欢的女人，而且是一个地地道道的好人。我想和您再多说一点：凭一种特殊的直觉，我第一次见到您时我就已经感觉到您是不幸福的，那时我就对您充满了同情。其实您一定感觉到了这一点，于是很自然地希望从我这里得到精神上的支持和安慰。"这封信非常得体，既表明了柴可夫斯基对彼得洛夫娜的同情与关心，同时又表明了柴可夫斯基仅仅是从一个朋友的角度想要给她精神上的支持和安慰，而没有其他进一步交往的想法。

在受到柴可夫斯基的鼓励和肯定后，尤里娅·彼得洛夫娜和他的剧作家丈夫离婚了。迫于经济压力，她不得不带着两个孩子迁居塞瓦斯托波尔。什帕任斯基并没有给母子三人任何赡养费，因此彼得洛夫娜要自己出去操劳经营生计，这在柴可夫斯基看来是十分令人气愤的！于是他给什帕任斯基写信替彼得洛夫娜母子三人索要基本的赡养费，但是却被无情地拒绝了；他也提出自己可以帮助彼得洛夫娜，从自己的钱中拿出一部分接济她们，但这被彼得洛夫娜拒绝了，因为这个善良而又可怜的女人觉得自己不应该拖累作曲家，只要他能和自己保持通信并给予自己精神上的支持和慰藉就足够了。热心的柴可夫斯基还是想尽自己的能力帮一帮这个可怜的女人，他发现在他们的通信中可以看出彼得洛夫娜的文笔很好，于是他提议彼得洛夫娜应该尝试写作。在柴可夫斯基多次鼓励下，尤里娅·彼得洛夫娜终于开始了文学创作。她的小说题为《塔霞》，柴可夫斯基建议她写自己的过去，将它写成一本自传，并且答应会帮她联系出版这本书。彼得洛夫娜在得到柴可夫斯基的鼓励与支持后工作热情高涨，手稿很快便完成并寄给了柴可夫斯基。

虽然柴可夫斯基在作曲方面很精通很有权威，但是对于文学作品，他的判断力还是有所欠缺的。他在对待彼得洛夫娜的手稿时候的态度非常谨慎，他觉得这部小说的文学性欠佳，且更像一部哲学作品，但是为了不打击这个可怜的女人的积极性，他在回信中仍然很热情地鼓励她：“毫无疑问的天才！您真是位出色的修辞学家！至于艺术性，以后再说吧……您一定能成为作家，一定，一定！我为俄罗斯文学感到高兴！”同时，为了履行自己当初的承诺——帮彼得洛夫娜联系出版这本书，他马上把手稿寄给了文学经验丰富的莫杰斯特。然而莫杰斯特在看过之后觉得这本书还远远达不到出版的水平，把书稿退还给了柴可夫斯基。

柴可夫斯基很坦率也很委婉地把手稿被拒的消息告诉了尤里娅·彼得洛夫娜，但是他鼓励她可以把她的另一本书—— 一本儿童小说寄过去，并表明他相信那一本一定更讨文学出版商的喜欢。但是大概是彼得洛夫娜不想再给柴可夫斯基添麻烦，同时也知道自己的作品水平还不够，这一次她没有把这本书寄给柴可夫斯基，而是寄给了她的前夫——著名剧作家伊波利特·瓦西里耶维奇·什帕任斯基。这件事情使得柴可夫斯基非常困惑，他在给彼得洛夫娜的信中说：“这是一个不可原谅的错误。本来只为一个理由——文学可以给您一个独立的地位，独立于谁呢？正是独立于那个您去找的人。”可以看出，柴可夫斯基多少为这件事情感到有些自责，他认为正是因为他鼓励彼得洛夫娜从事文学创作才再次让她与那个伤害她的男人有了交集。而尤里娅·彼得洛夫娜并不这样认为，她觉得柴可夫斯基的鼓励照亮了她生活的道路，使她重燃信心，自此之后，她将柴可夫斯基当作了终身的导师和安慰者。

后来柴可夫斯基和尤里娅·彼得洛夫娜的通信断断续续地持续着，忙碌的作曲家尽一切可能抽出时间来给她回信，哪怕只有只言片语也还是要回的。柴可夫斯基给尤里娅·彼得洛夫娜的最后一封信是1891年10月1日寄自梅达沃诺的，信中讲到了他的音乐会，讲到了《黑桃皇后》在莫斯科的演出，讲了一些自己生活中有趣的故事，并且建议尤里娅·彼得洛夫娜到克里米亚找个地方休养，不要再为孩子的事情而烦恼操劳。也许是彼得洛夫娜知道柴可夫斯基实在是太忙了，这一次她没有回信，柴可夫斯基对于这次的通信中断并没有像和梅克夫人的通信中断那样焦虑伤心。柴可夫斯基给尤里娅·彼得洛夫娜的信一共保存下来82封，仅次于给梅克夫人的760封，可以看出彼得洛夫娜也是柴可夫斯基一生当中一个很重要的人，一个值得柴可夫斯基同情和鼓励的人。

走出指挥的阴霾

1887年在莫斯科大剧院，柴可夫斯基上演了他第一场成功的现场指挥。在这之前，1867年至1868年的戏剧节，也是在莫斯科大剧院的一场救灾演出上，柴可夫斯基亲自指挥他的新作——歌剧《市长》中的舞曲。然而，排练时一切都很好的场面到了正式演出时却不复存在，现场差点陷入混乱。柴可夫斯基走上指挥台之后突然脑海一片空白，把那些曲谱忘得干干净净，他眼前发黑，对于摆在眼前的曲谱也什么都看不到。他整个人呆在那里，右手拿着指挥棒，左手却托着下巴像是在沉思什么，又好像在神游、陷入了一个奇幻的梦境，过了好久他才反应过来示意乐队可以开始演奏了。但是，偏偏他的指挥是错的，和《市长》没有一点关系。还好乐队在排练时对于要演奏的乐曲已经很熟悉了，没有理会这错误的指挥，才算是把这个乐曲正确地演奏下来。直到曲毕，柴可夫斯基才仿佛从刚刚那段梦境中走出来意识到自己刚刚可怕而又愚蠢的错误。他垂头丧气地走下台来，心里非常怨恨自己。此后的 20 年间他再也没有碰过指挥棒，更不愿意当众指挥，因为他觉得自己好像天生就做不来指挥这项工作。

而现在，《女靴》的乐队指挥伊·克·阿尔塔尼病患缠身无法指挥，为了不耽误进程使话剧可以如期上演，柴可夫斯基决定亲自指挥。可以想象柴可夫斯基作出这个决定是花了多少时间下了多大的勇气与决心呀！虽然后来这部话剧的首演时间因为一些原因推迟了，而且那时指挥家的病已经好了，但是大家还是一致决定将首演的指挥角色留给作曲家本人。

虽然这次的指挥任务是柴可夫斯基之前就答应下来的，但是那时是因为原来的指挥仍在生病无法胜任，而现在情况不同了，在原来的指挥家已经痊愈可以指挥的时候还坚持要柴可夫斯基指挥，这给柴可夫斯基造成很大的压力。

是否能够不再出现20年前的窘境呢？是否可以不愧对大家的信任指挥好这次演出呢？自己是否可以将乐曲的内容完全传达出来呢？这一连串的问题压在柴可夫斯基的心头，让他辗转难眠。在《女靴》第一次排练的前一晚，柴可夫斯基失眠了，他为第二天的排练而担心、忧虑，他越想第二天排练时可能会出现的差错就愈发紧张、心跳加速、面色发白。第二天他去排练现场时，整个人的脸色惨白得像个病人，让人心疼。

然而奇迹往往就发生在一瞬间。就在柴可夫斯基走上台拿起那阔别20多年的指挥棒时，他像是被施了魔法一般，突然觉得自己很淡定而且身体内部好像有一种力量即将喷薄而出！他感到十分振奋，那原本惨白的脸也渐渐变得红润。他很自信从容地指挥着乐队，演出完毕后乐队全体演员向他报以热烈掌声并对他表示祝贺！首次排练很成功，后面的排练也进行得非常顺利。柴可夫斯基一点一点找回了失去20年的信心，他感觉自己在指挥方面也不是那么没有天赋。

1887年1月19日，在莫斯科大剧院，柴可夫斯基成功地指挥了歌剧《女靴》的首场演出。他这样评价自己这次的指挥：“我的指挥棒真正地控制着在场几百个听众的意志。”他感觉到自己现在被赋予了一项新的能力，那就是当众指挥而且可以指挥得很好。

后来，圣彼得堡皇家剧院举行了柴可夫斯基的作品专场音乐会，柴可夫斯基再次担任指挥。那晚柴可夫斯基十分激动，因为他即将要成功指挥自己的众多作品，这是一种连想一想都会让人觉得疯狂的喜悦。柴可夫斯基在日记中写道：“过去我没有感受过这种喜悦，它是那么强烈，那么不寻常，那么不可言状。如果我做指挥的尝试要求我同自己作许多艰苦的斗争，如果这种尝试要夺去我几年的生命，那我也绝不惋惜！我体验到了无限的幸福和快乐。听众和演员在音乐会上多次向我表示了热情的赞许。总之，3 月 15 日这个夜晚给我留下了最甜蜜的回忆。”

学界和评论界也对柴可夫斯基的指挥给予了肯定：“柴可夫斯基展示了新的才能，他是一位经验丰富、信心十足的指挥家。”的确，这真的可以称得上是一个奇迹，就是那样不可思议的，指挥这项本来从柴可夫斯基身上被上帝剥夺的才能又突然被还回来了，而且这次它变得更加成熟更加熟练。能够独自指挥自己的作品这件事情对柴可夫斯基而言意义非凡，他开始接受各种国外的邀约，将他的作品带到欧洲各个角落甚至远渡重洋去往美国，他想让更多的人欣赏到他的音乐，希望更多的人喜欢它、支持它并从中体会到俄罗斯民族的风土人情，从中寻找到慰藉和鼓励。

《第五交响曲》

在杳无人迹、环境清幽的美丽的伏罗洛夫斯克村密林深处有一个僻静的庄园，它是属于柴可夫斯基的，在这里曾经诞生出柴可夫斯基著名的《第五交响曲》。

《第五交响曲》和《第四交响曲》中间整整隔了 11 年。这 11 年间，就如我们之前讲到的，柴可夫斯基经历过许多苦闷的事情，诸如婚姻失败、情感不安定、宗教的迷惘甚至才思的枯竭。在国外旅行演出期间，柴可夫斯基也常常会因思念故乡而苦闷。1888 年 4 月，柴可夫斯基回到了俄国，在这个美丽而又僻静的庄园里又开始了他的创作。灵感往往就是刹那间产生的，一旦抓住，加上作曲家废寝忘食的工作态度，完成这部《第五交响曲》仅仅用了不到3个月的时间。

1888年6月20日，柴可夫斯基写信给梅克夫人。“从现在起，我要努力工作了。我非常渴望着，不但要为别人证明，也要为自己证明，我仍不失为一个作曲家。我常常产生怀疑，常常问起自己：现在是不是该停止作曲了？想象力的运用是否已经超过限度？创作的源泉是否已经枯竭？如果我再活十年或二十年，这事迟早会有发生的一天的，我怎能知道现在尚不到停笔的时候呢？……我已经记不清有没有告诉过你，我决意要写一部交响曲。动笔时有些迟疑，现在似乎灵感已经来了。……请等待着吧！”柴可夫斯基在进行《第五交响曲》的创作时是极为顺利的，他在同年8月6日给梅克夫人的信中说到他的《第五交响曲》已经完成了半部的配器。柴可夫斯基即使在很忙的情况下也会抽空给梅克夫人写信，向她汇报自己的近况和想法，不让她为自己担心。同时，和梅克夫人的通信，也给他的生活带来很多快乐和慰藉。

《第五交响曲》在1888年秋天出版，是柴可夫斯基的第64号作品。1888年11月，这部乐曲在圣彼得堡交响音乐团的音乐会上举行了首演；一星期之后，在俄罗斯音乐协会的音乐会上再度演出；1888 年年底，在布拉格举行了第三次演出。三场演出全部由柴可夫斯基亲自指挥。但是不知道是因为乐队对乐曲理解不到位还是其他的原因，演出没有达到柴可夫斯基想要的效果，他甚至认为这是一部失败的作品。

《第五交响曲》曲谱

129

《第五交响曲》曲谱

《第五交响曲》曲谱

在1888年11月底，柴可夫斯基在给梅克夫人的信中说道："我的新交响曲在圣彼得堡演奏了两次，在布拉格演奏了一次，现在我得到的结论是：它失败了。这部作品包含着一些使人讨厌的、累赘的、琐屑的和不真实的东西，而听众可能也意识到了这一点。我所赢得的掌声多半是向我的过去而发的，我觉得这部交响曲没有使听众领略到其中的喜悦，没有使他们满意。这种自知之明使我对自己感到不满和痛心。我真是像他们所说的那么退步而缺乏技巧了吗？昨天晚上，我把"我们的交响曲"（《第四交响曲》）翻了一遍，两者竟然相差那么多。"我们的交响曲"不知要比它好几十倍呢！这真是非常非常可悲的事情！"

而评论界对这部作品的评价也是褒贬不一。12月上旬，《第五交响曲》在莫斯科演奏了两次，塔涅耶夫和卡什金都对这部作品予以高度评价。但是直到1889年在汉堡的演出才使柴可夫斯基"对这部作品的爱又多了一点"，这次演出取得了巨大的成功。

百年的睡梦

1888年，俄罗斯马林斯基剧院的院长符谢沃洛库斯基把《睡美人》的童话故事改编成了芭蕾舞剧剧本，并且要请柴可夫斯基为它谱曲。柴可夫斯基被这个故事深深地打动了，于是很爽快地答应了这个请求。

在民间广为流传的《睡美人》最经典的版本是这样的：很久很久以前一个美丽的王后生下了一个可爱的女儿，国王和王后十分疼爱她。在给公主庆生的宴会上，他们只邀请了12位女巫，结果第13位女巫十分愤怒，不请自来并且给了公主十分恶毒的诅咒："国王的女儿在15岁时会被一个纺锤弄伤，最后死去。"所有在场的人都大惊失色。但是，第12个女巫还没有献上她的礼物，便走上前来说："这个凶险的咒语的确会应验，但公主能够化险为夷。她不会死去，而只是昏睡过去，并且一睡就是一百年。"

国王和王后小心翼翼地保护着公主，不让她碰到任何和纺纱纺线相关的东西，这些东西在宫内也全部消失了。但是似乎真的是命中注定的，在公主15岁生日那天，国王和王后碰巧都不在宫内，而公主仿佛就像是冥冥之中有指引一般来到了一座古老的宫楼前。在那里她发现了一把插在门上的金钥匙，好奇心驱使她打开了那扇门，噩梦由此开始。屋子里面有一个老婆婆在静静地纺着纱，她没有抬头看这位不速之客，就好像她早已预料到公主会在这个时刻出现一样。公主长这么大从来没有见过纺车，她当然觉得很好奇很新鲜。于是她问老婆婆这是什么那是什么，老婆婆说这是纺车那是纺线这个是纺锤，你可以自己摸一摸。年幼无知的公主真的伸手去摸了，当她触到纺锤的一刹那，就好像被什么东西扎了一下，立马晕倒过去。后面的故事就像第13位女巫预言的那样，公主没有死，但是她昏睡过去了，年复一年，整个皇宫也变成了一个寂静的森林，宫里面所有的人也跟着公主一起昏睡过去了。

直到有一天，一位骑着白马的英俊高大的王子路过这个地方，见到了美丽的“睡美人”并且给了她一个深深的吻，这个持续了百年的噩梦才终于结束。王宫里的所有人陆陆续续醒来，一切又恢复了正常。仿佛这一百年并没有

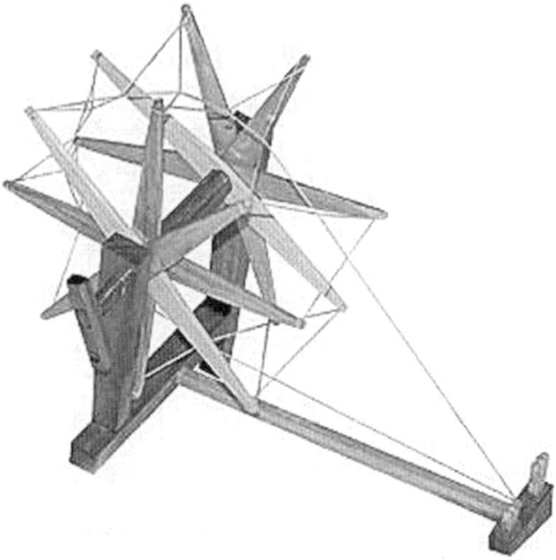

纺车

《睡美人》剧照

过去而只是被冰冻住，什么都没有改变。像所有美好的童话故事的结局那样，王子和公主举行了盛大的婚礼，从此幸福地生活在了一起。

柴可夫斯基是个十足的工作狂，他一旦作起曲来就好像饥饿的人扑在面包上。柴可夫斯基在接受《睡美人》的工作后更加夜以继日地工作，进度非常快。在给梅克夫人的信中，我们可以看出柴可夫斯基的创作进行得非常顺利。“我的舞剧很快即可完成，相信这将是我一生中最好的作品。主题非常有诗意，我正埋头工作，我的灵感一定要在音乐中反映出来。当然，配器可能难了些，但我预期乐队的演出效果一定会很出色。”

柴可夫斯基每当有灵感时总会很快乐然后马上伏案写作，有时写着写着就会忘我，整个人都投入到故事情节当中，仿佛走火入魔一般。在创作《睡美人》的过程中还发生了许多有趣的故事，而他的侄女薇拉正是这些趣事的见证者。有一次柴可夫斯基正在创作，薇拉坐在他旁边看书，突然柴可夫斯基拉起她的手两眼放光地说：“来！薇拉！我们来跳一支舞！”薇拉非常不解，问舅舅为什么。“我正在为奥罗拉公主的一段舞蹈配乐，可是却找不到好的感觉。我想跳一支舞，这也许可以激发我的灵感让我知道该怎么做。”两个人就这样哼着舞曲跳了起来，跳着跳着，柴可夫斯基突然停了下来，马上回到书桌旁又投入了他的创作中，把小薇拉晾到一旁。但是懂事的薇拉没有问舅舅为什么，因为她知道舅舅一直是这样，一旦有了灵感就会马上抓住它并且记录下来。还有一次，薇拉在睡梦中听到柴可夫斯基在大声呼喊：“奥罗拉，你醒过来！奥罗拉公主，醒来吧！”薇拉睁开眼，发现屋子里除了舅舅和自己并没有别人，于是很疑惑地问他：“舅舅，你在呼唤谁?”“我在呼唤奥罗拉公主，呼唤她从百年的睡梦中醒过来！因为看到你睡着了，让我想起了我剧本当中的奥罗拉公主，于是我就情不自禁地呼唤起来!”

1890 年 1 月 15 日，圣彼得堡马林斯基剧院正式上演了《睡美人》。亚历山大三世也出席观看了《睡美人》的盛大演出。这部舞剧的音乐充满了交响乐特色，同时还具有鲜明的舞蹈性。舞剧表现出一种热闹盛大的欢乐节日气氛，场面恢弘华丽，让观众置身其中可以感受到节日的喜悦，引人入胜。这部作品不仅作曲家本人十分喜欢，观众也十分喜欢，同时这部作品在评论界的评价也很高：“乐曲中充满了美妙的旋律，音乐发出了银白色的柔和光芒。顺着这优美的音乐波浪，人们仿佛进入了一个幻想的仙女世界。”后来，《睡美人》成为世界流行的芭蕾舞剧之一，乐曲本身也常常在各种音乐会上被演奏。

人性的窥探——《黑桃皇后》

1889 年 12 月，柴可夫斯基接受了圣彼得堡皇家剧院经理伏谢沃洛斯基的请求，为歌剧脚本《黑桃皇后》进行创作。在《睡美人》演出结束之后，柴可夫斯基又马上前往佛罗伦萨，在那里安心进行《黑桃皇后》的创作。

《黑桃皇后》是以普希金的小说为基础改编的，是一部心理描写剧。这部歌剧讲述了一个非常曲折的故事，主人公在爱情和金钱面前徘徊，最终以自杀结局。男主人公盖尔曼爱上了富有的伯爵夫人的孙女丽莎，虽然丽莎也爱着他，但是一无所有的盖尔曼是不可能与高贵、富有的丽莎结婚的，同时丽莎还有着另外一个追求者——艾列茨基公爵，一个各方面都和丽莎很相配的男人。盖尔曼作为一个热血方刚同时又沉浸在热恋当中的青年是断然不会将自己心爱的丽莎拱手相让给那位公爵的。他打听到伯爵夫人有着三张神秘的纸牌，拥有了它们就可以在赌场上赢钱。他想如果自己可以拿到这三张神秘的纸牌就可以赢很多钱，有了钱他就可以和丽莎永远在一起。丽莎帮助盖尔曼得到了这三张纸牌，起初他用前两张牌赢了很多钱。可是当他的金钱增多之后，他的心理发生了变化，贪欲不断膨胀，对于金钱的渴望远远超过了对于丽莎的渴望，他一刻不停地待在赌场上，直到他使用了第三张纸牌——黑桃皇后，这张纸牌让他输得一无所有。盖尔曼无论如何也无法接受自己输了的事实，于是他自杀身亡了，而在自杀前他想起了自己曾经的爱情，想起了丽莎。

柴可夫斯基在创作《黑桃皇后》的过程中非常亢奋，他常常对人说："盖尔曼对于我来说，不仅是写某一段音乐的依据，他是真正的活生生的人，并且是我十分同情的人。"作曲家对剧中人物的感情让他在创作过程中赋予了歌剧强大的艺术魅力，把人物的内心写得非常细腻。

柴可夫斯基在这部歌剧中对青年盖尔曼的堕落与自身最终的毁灭给予了丰富而又复杂的情感，对少女丽莎表示了深切的同情和尊敬。他歌颂了丽莎对于纯洁爱情的坚持，赞扬了她不爱慕虚荣，愿意追随贫穷但是却深爱着她的青年；同时，伯爵夫人和黑桃皇后代表着黑暗势力，他们阻挠着通向美好的各种渠道。爱情与黑暗势力相互交织，共同谱写了一部伟大的悲剧。

柴可夫斯基创作得很快，也很动情很忘我。他常常写着写着就会为剧中人物的命运而感动和心痛！在写到盖尔曼窃取三张纸牌时，柴可夫斯基感到非常紧张，就好像是他自己在亲自偷些什么一样；在写到盖尔曼因为赌博失败而自杀时，他为这位本应有着光明前途的青年因此而丧命感到扼腕悲痛！当时服侍他的仆人阿里塞克后来回忆说："柴可夫斯基先生当时的创作真的是太投入了，搞得我经常以为他生病了。他每次工作起来都是那样让人心疼，我为他的工作精神而深深地感动，我想观众如果知道柴可夫斯基是怎样作曲的，那么他们一定会更加崇拜这位伟大的作曲家！虽然我没什么钱，但是我还是愿意为了这样一个作曲家而花钱买票去剧院欣赏他的作品。"

由于工作效率极高，柴可夫斯基仅仅用了七个星期就完成了整首作品的创作。回到俄国后，在进行公演之前，柴可夫斯基把这部作品的一部分演奏给他的两个朋友——尤根松和拉什金，希望他们可以给自己提一些意见。两位著名的音乐评论家满怀期待地坐在柴可夫斯基家中，准备欣赏这位作曲家的新作。

柴可夫斯基慢慢地弹奏起《黑桃皇后》，弹到激动的地方时，柴可夫斯基不禁落泪，双手颤抖，不得不暂时停下手中的弹奏。而两位朋友也是热泪盈眶，他们不仅为乐曲感动，更为他们的朋友——柴可夫斯基这忘我投入的精神而深深地感动。弹奏完毕之后，两位朋友都对这部作品给出了很高的评价，也对柴可夫斯基愈加成熟的创作才能表示了衷心的祝贺！

《黑桃皇后》在 1890 年 12 月 6 日于圣彼得堡迎来了它的首演，之后又先后在基辅、莫斯科和俄国其他的几个大城市举行了公演，无一不受到观众的好评和欢迎！不仅俄国民众深深地喜爱这部歌剧，全世界人民都为它倾倒。在布拉格演出《黑桃皇后》时，有些热情的观众非要把柴可夫斯基请到台前和他握手！《黑桃皇后》所到的每一个城市的民众都为它痴狂！这部剧是柴可夫斯基歌剧创作的最高峰，也是他最具交响化的一部歌剧，至今仍在世界范围内广为流传！

善与恶的斗争——《胡桃夹子》

柴可夫斯基一直非常喜欢小孩子，对自己的侄女更是非常疼爱，因此他常常想为小朋友们创作一部舞剧，《胡桃夹子》就是在这种情况下诞生的。

舞剧《胡桃夹子》是根据大仲马所改编的德国作家霍夫曼的童话故事《胡桃夹子与鼠王》的故事而进行创作的。故事讲述了一个小姑娘在圣诞夜的梦，表现了善终究会战胜恶，光明必将取代黑暗的美好主题。圣诞节前夜，美丽的小姑娘克拉拉的家里来了好多的亲戚朋友，每个人都给克拉拉带来了圣诞礼物，小姑娘十分开心！在这些礼物当中有一件很精致很特别的礼物，是雕刻成王子模样的胡桃夹子（胡桃夹子是西方儿童熟悉的一种器具，成年人常将胡桃夹子当作玩具送给儿童，作为庆祝节日或者生日的礼物），小克拉拉特别钟爱这件玩具，可是这个胡桃夹子却被她的哥哥弗里兹搞恶作剧弄坏了，克拉拉非常伤心。

大仲马（1802—1870），法国19世纪浪漫主义作家。大仲马各种著作达300卷之多，主要为小说和剧作。主要作品有《三个火枪手》《基度山伯爵》等。所作历史小说大多情节曲折，场面惊险。

夜里，善良的小姑娘克拉拉去客厅看望受伤的胡桃夹子，但是接下来发生的一切让她惊呆了！客厅里面，不再有胡桃夹子，而是一个英勇帅气的王子正率领着士兵同作恶多端的鼠王的部队作战。刚开始克拉拉还有些害怕那些可恶的老鼠，但是看到英勇的王子和他的士兵都在奋力作战，她马上就鼓起勇气加入了王子的阵营。鼠王终于被打败了，王子和克拉拉都很高兴。为了答谢克拉拉，王子邀请她回他的国家——糖果王国去参观游览一番。克拉拉愉快地答应了，虽然她幻想了无数次糖果王国会是什么样子，但是接下来她看到的一切还是让她喜出望外。在糖果王国里，女王为了庆祝王子凯旋和招待前来做客的克拉拉，在宫里举行了一场盛大的宴会。宴会上表演舞蹈的不是人而在柴可夫斯基的《胡桃夹子》中出现的玩具兵是来自于德国的一种传统玩意，习惯上把它称为德国胡桃夹子。起初，它和普通胡桃夹子一样，都是用来夹胡桃的［具体方法：取一颗坚果（如花生，榛子等），将胡桃夹子公仔背后的开关拉起，随着开关的拉起，公仔的嘴巴会张开，然后将坚果放入公仔嘴里，将公仔背后的开关合上，坚果的壳就被压开了］；因为它可爱的样子深受见过它的人的喜爱，渐渐地人们开始把它当装饰品陈列在家中（在欧美地区，每当圣诞节来临的时候，人们都会将采购来的德国胡桃夹子用于圣诞装饰）；据说它是能带来契机和幸运的守护神，它们以裸露的牙齿面对魔鬼和恶灵，令它们心惊肉跳，得以保护受保护者及其家族成员的安宁。

是糖果、茶点。这里有巧克力表演的奔放热情的西班牙舞，咖啡表演的古老神秘的阿拉伯舞，茶叶表演的灵活轻盈充满东方色彩的中国舞，冰糖表演的热烈奔放活泼的俄罗斯舞；杏仁表演的牧羊舞，酒心糖表演的浪漫挑逗的法国舞，最后是蛋糕上的奶油花表演的华丽大气的花之舞。克拉拉为这些舞蹈而着迷，直到很晚才带着女王赠送的糖果王冠依依不舍地与王子一同离去……

当然，如果这一切真的发生，那你一定是童话故事当中的人；克拉拉醒来之后发现这不过是一个美好的梦。

柴可夫斯基在创作《胡桃夹子》的时候使用了一种新的乐器钢片琴，这是他有一次去欧洲参加一个沙龙音乐会时发现的。钢片琴的声音介于钢琴和钟声之间，既有钢琴的清脆又有钟声的洪亮。柴可夫斯基把钢片琴用到了糖果仙子之舞这一幕中，营造出一种梦幻的效果。他将舞剧中的六首舞曲（分别是西班牙风格的巧克力舞曲、阿拉伯风格的咖啡舞曲、俄罗斯风格的特列帕克舞曲、中国风格的茶叶舞曲、以意大利塔兰泰拉舞曲为基调的牧童舞曲和以法国民歌为主题的丑角舞曲）配器变成了一套供音乐会演奏的组曲，非常出色。

1892 年 12 月，圣诞节临近时，在莫斯科音乐会上举行了《胡桃夹子》的首演，这部欢快的儿童芭蕾舞剧配上圣诞节的节日气氛，让听众沉浸在一片愉快祥和的气氛中，人们对于这部作品的喜爱超过了柴可夫斯基的预期。在莫斯科音乐会的首演上，其中五首主要乐曲应听众的要求重复演奏了一遍。而更加使柴可夫斯基感到高兴和欣慰的是，钢片琴的运用让观众十分喜欢，它在营造梦幻气氛上发挥了很大的作用，使这部舞剧更加出色。

《胡桃夹子》后来陆陆续续在很多国家和地区上演，至今仍是许多国家圣诞节的必演剧目。人们把《胡桃夹子》《睡美人》《天鹅湖》称为“俄国杰出的三大芭蕾”，这三部舞剧也是世界芭蕾的经典，为各国观众所深深喜爱。

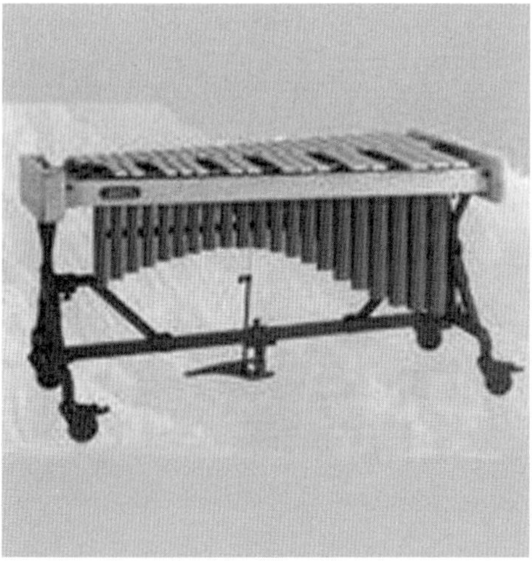

钢片琴

《胡桃夹子》剧照

第6章：晚年时光

可爱的卡明卡

柴可夫斯基漂泊一生，很多时候都是孤身一人。没有任何爱情经历的他在这条路上十分坎坷。他十分渴望温馨甜美的家庭生活：充满爱意地和对方对视，共同抚养一对可爱的儿女，还有自己至亲的妹妹。他对亲人的眷恋达到了一种近乎执着的地步，当妹妹亚历山德拉出嫁后，他停留在了妹妹曾居住的卡明卡，并安居下来。在这里，他常常坐在卧室一整天怀念妹妹陪伴在自己身旁的时光。也许孤独的他只有在卡明卡才能有曾经的温馨宁和的感觉吧，这里是他永远的港湾。这里如同故乡一般，但又有更多的意义。

柴可夫斯基所居住的卡明卡庄园曾是大公爵格里高里·波届姆金在基辅省奇洛林斯克县的一块领地。虽然这个庄园并不是公爵最大最好的庄园，但是单凭他是声名显赫的大公爵，就决定了它价值不菲。后来，公爵的侄女叶卡捷琳娜·尼古拉耶夫那·萨莫伊洛娃继承了卡明卡庄园。柴可夫斯基的妹夫列夫·瓦西里耶维奇·达维多夫的父亲瓦西里·里沃维奇是叶卡捷琳娜第二个丈夫的儿子，是个十二月党人，参加过 1812 年的卫国战争，然后在 1820 年以团长的身份退役了，并继承了卡明卡庄园。然而盛极必衰，瓦西里·里沃维奇后来由于参加过十二月党人运动被流放至西伯利亚，没有主人的卡明卡庄园也逐渐衰败了。后来，他的两个儿子逐渐恢复了卡明卡的家业，庄园也渐渐兴盛起来。瓦西里很想重新看到自己的庄园繁荣的样子，但是不幸的是他并没有活到那一天。在 1855 年大赦之前，每天忍受着劳苦的瓦西里不幸过世了。这也许是他生前最大的遗憾。

十二月党人起义是一场在 1825 年 12 月（俄历）发生，由俄国军官率领 3000 士兵针对帝俄政府的起义。由于这场革命发生于 12 月，因此有关的起义者都被称为“十二月党人”，而这次革命发生在圣彼得堡的元老院广场。在 1925 年，苏俄为了纪念这场革命发生一百周年，将元老院广场改名为“十二月党人广场”。

卡明卡

如今卡明卡的住客是柴可夫斯基，音乐界的天才，但是卡明卡并没有因为这位音乐天才的到来而重焕先前的繁荣光景，反而愈加衰败。但是就算是这样，寄住在达维多夫家的柴可夫斯基还是认为这里是最美丽的地方。让柴可夫斯基有这样感觉的原因是他看到了妹妹、妹夫的存在。他们幸福的家庭让柴可夫斯基有了家的温暖，也让这个漂泊的心灵第一次有了归宿感。有时候伊万诺夫娜会讲一些卡明卡之前的故事，这个人清楚地记得普希金到卡明卡时候的情景。由于普希金和里沃维奇是好朋友，也都是十二月党人的朋友，所以他们经常在一起聚会。

在卡明卡度过的第一个夏天让柴可夫斯基感受到了前所未有的愉悦，尤其是妹妹亚历山德拉，她的善良淳朴感染了周围的人，也吸引了柴可夫斯基。外表柔弱的亚历山德拉性格可没有那么柔弱，精力充沛的她常常一干就是一整天。也许是13岁就丧母的关系，亚历山德拉从幼年起就承担了全部的家事，像个家庭主妇一般。卡明卡的人就像尊重他们的母亲一样尊重着她，都亲切地称她为“美人”或者“小太阳”。

小小的亚历山德拉对自己的哥哥十分崇敬。她对哥哥的各种事情都十分上心，尤其是当哥哥有困难的时候，她总是第一个冲过去帮助他。1866 年的冬季，亚历山德拉收到了哥哥绝望的来信后，马上担忧地回信道：

“哥哥，为什么你是如此悲伤。这可不是我想见到的那个人。你是因为外事外物而痛苦吗？不要这样，你是温柔和善良的化身。彼得，以上帝的名义，你要告诉我，究竟是什么让你如此难过。我爱你，你的妹妹非常爱你，你的事就是我的事。如果能够帮你分担一点痛苦也好，如果我能够帮助你，我会感到十分幸福的。要记住，你是如此的快乐，以至于每个认识你的人都喜欢你，你是在为什么忧愁呢？”

1865 年夏天，当柴可夫斯基初到卡明卡时，与达维多夫家的小女儿薇拉相识了。薇拉长得小巧且恬静，人见人爱；而柴可夫斯基有着强大的音乐才能，也是让每个人喜欢的类型。薇拉一下子就喜欢上了这个音乐才子，于是尽力在表现上不露声色地吸引柴可夫斯基注意。但是柴可夫斯基却很木然地对待这种示好，因为薇拉流露出来的感觉是她很想早早成婚，但是柴可夫斯基固执地认为自己不想用婚姻关系束缚自己。于是他渐渐疏远了薇拉，疏远了这个莫扎特的爱好者。柴可夫斯基的妹妹对这种情况很不理解，虽然他含糊其辞地解释了自己的状况不能接受这样一个外来者，但是妹妹也看得出来薇拉纯洁的心受到了伤害。于是她继续固执地想让哥哥明白薇拉有多好，有多值得珍惜，这样一来柴可夫斯基更不想祸害这样一个好姑娘了，这样的感情只会束缚他，也会伤害薇拉。虽然惧怕成立家庭，但是柴可夫斯基还是很渴望天伦之乐。如果他迫切想感受家庭温暖的话，只有和他的妹妹在一起才会实现。无论什么形式，他都想和自己的妹妹的家庭联系在一起。没有妹妹，也就没有柴可夫斯基的幸福。

事实上，柴可夫斯基的愿望基本上是实现了，他大多数时间都住在卡明卡。

对于柴可夫斯基来说，唯一能够称作是家的地方只有卡明卡。如果有人问他要去哪里，如果是卡明卡，他一定会回答：“回家。”家里，有一间单独的厢房是属于柴可夫斯基的，列夫·瓦西里耶维奇·达维多夫特意为他准备了一架钢琴，专门为他作曲用。

在卡明卡，有一些很独特的人给柴可夫斯基留下了深刻印象，使他更加了解了不同人的性格。他根据这些不同的性格，创作出了《歌剧》《女巫》等有趣的作品。

柴可夫斯基在卡明卡和维尔波夫卡度过的夏天给他留下了很深的印象和美好的回忆。在美好的环境中总是能够创作出更加美好的作品。就比如《第二交响曲》《第一组曲》《弦乐小夜曲》《1812 年序曲》《第二钢琴协奏曲》和一些浪漫曲，同时，他也在这里为剧本谱曲，比如芭蕾舞剧《天鹅湖》。

1862 年至 1876 年，亚历山德拉接连生了四个女儿和三个儿子。柴可夫斯基对待自己的外甥和外甥女们就像对待自己的孩子一样，每次来到卡明卡他总是会带给这些小宝贝们礼物和关怀。卡明卡就是柴可夫斯基最美好的家。

但是时间的流逝带来的不仅是美好，还有沧桑。亚历山德拉由于生孩子过多，又积劳成疾，身体终于衰退下来。但是心地善良的她就算是生病也不想让别人帮忙，于是病情愈发严重，甚至在发现的时候已经难以治愈。

虽然在离开卡明卡的日子，柴可夫斯基总是会寄信给妹妹，鼓励妹妹勇敢战胜病魔。但是病魔最终还是掳去了亚历山德拉的生命，就这样，柴可夫斯基最后的光明也消失了。此时的卡明卡对于他，再也不是一个温暖的地方了。

快乐的尼兹庄园

对于柴可夫斯基来说，与卡明卡同样重要的地方，莫过于尼兹庄园。尼兹庄园的主人尼古拉·德米特里耶维奇·康德拉契耶夫，是柴可夫斯基在法律学校读书时的同学。自从 1870 年冬天康德拉契耶夫一家搬至莫斯科过冬之后他们便有了密切来往。

和转行的柴可夫斯基不同，康德拉契耶夫从事了自己所学的法律工作。博学多才的他在各方面都很有修养，文学、绘画、旅行样样都是他的爱好。他的尼兹庄园在哈尔科夫省，在 1871 年至 1879 年的九年间，柴可夫斯基很喜欢在夏天来这里小住，康德拉契耶夫也专门为柴可夫斯基准备了两间屋子以供他作曲。

柴可夫斯基很受尼兹庄园的人们喜爱。常常是人们知道他要来，便兴奋起来。柴可夫斯基一到，大家就很热情地去迎接他。也许是因为他平易近人又待人温厚，而且是个大才子，所以这里的人们都对他很有好感。

在尼兹庄园居住的时候，柴可夫斯基的起居十分规律。七点起床后，无论是洗澡、吃饭，还是散步、教康德拉契耶夫的小女儿弹钢琴，都固定了时间。就算晚饭过后他们会玩牌，也仅仅会到12点就结束。这样规律且恬静的生活让柴可夫斯基得到了充分的休息，这种精力上的充沛也给了他更多的灵感。但是灵感爆发出来之后，他就是另外一个样子了，每当这个时候，他总是显得很抑郁，不和任何人讲话，早饭过后就带着纸笔匆匆到外面，一个人散步到很晚才回来。他会把灵感和曲子的片段写在纸上，然后晚上用钢琴弹奏出来。但是，对自己苛刻的他常常会把自己写的作品废掉，团成一团扔出去。

就算这样，他在这里也写出了不少美妙的浪漫乐曲。但是当他创作的灵感和欲望一旦过去之后，他就又恢复了常态，过上规律恬静的生活。散步仍是他的最爱，康德拉契耶夫也经常会和柴可夫斯基一起散步，他们散步的时候常常会带上小女儿济娜和康德拉契耶夫的几个学生。柴可夫斯基很爱和别人开玩笑，而且玩笑总是开得很得体大方不会伤害对方。在散步时，小济娜有时会被柴可夫斯基的玩笑弄得恼怒起来，但是只要他走过来拉着她的小手说："小济娜，你是知道的，我在开玩笑啦，别生老朋友气了？"小济娜立刻就会消气，拉着柴可夫斯基继续说笑起来。

当铃兰花盛开之时，庄园周围的景色会变得格外美丽。庄园周围是一片森林，穿过林子就是一大片辽阔的田野，田野上弥漫着野花的芳香，这些香味甚至触手可及，只要看到这大片的铃兰花，心情也会好起来。这段时光是柴可夫斯基最喜欢的时光，因为只要一和朋友们坐上马车去野外郊游、野餐，他的心情就会马上变得好起来。

柴可夫斯基在尼兹庄园居住时，要是赶上了他的命名日，整个尼兹庄园的人都会为他庆祝。尽管柴可夫斯基不喜欢任何庆典和庆祝的东西，但是人们的盛情难却，他也只好欣然接受了这份祝福。命名日的那天，康德拉契耶夫的几个学生会早早把柴可夫斯基的房间布置好，装饰了花环和彩灯。小济娜会把花瓶拿到柴可夫斯基的房间里，插满各种他喜欢的花。

命名日的早晨，厨师会端上写有柴可夫斯基名字的大蛋糕，大家都会向他祝贺，他也会邀请大家吃蛋糕、喝咖啡。早餐过后不是散步时间，而是会继续留在这里聊天、玩桌球。中午到来的时候，许多柴可夫斯基的朋友会从城里陆续赶过来，和柴可夫斯基共进他最爱的午餐。大家一同举起香槟为他祝寿、祝愿他长命百岁。我们可以看出，大家都非常喜欢柴可夫斯基。

柴可夫斯基受到的不只是拥戴，还有尊敬。因为他常常帮助别人，不论是安慰悲伤的人们、给发生争执的人们劝和，还是提建议，不论是物质上还是精神上，他都慷慨助人。尼兹庄园的人们总是会盼望他的到来，因为他的到来意味着多了一些照料和关怀。但是这样一来，离别就显得格外伤感了。

当康德拉契耶夫搬到圣彼得堡之后，他与柴可夫斯基仍然保持着密切的联系，就算不会经常待在一起，也还是会常常住在一起度过一整个夏天，但不是在尼兹庄园了。然而，友谊的长久取决于生命的长度。1887 年 7 月，柴可夫斯基收到了康德拉契耶夫在德国病重的消息。他立刻从波尔日霍姆乡间前往德国探望老友，在病床前一待就是一个月。但是死亡的脚步还是赶上了康德拉契耶夫，与老友柴可夫斯基相伴一个月后，他就不幸与世长辞了。柴可夫斯基对于好友的去世很不能接受，他的心里只有悲凉和遗憾。人生的短暂再一次击打着柴可夫斯基的心灵。此时的他明白了，需要做的事情还有很多，但死亡却会在不经意间赶上人们前进的步伐。一种生命的紧迫感似乎在催促着柴可夫斯基向前走，催促着他更努力地工作。

此后，柴可夫斯基依旧和康德拉契耶夫的家人们保持着联系，也经常去探望他们。无论柴可夫斯基去向何方，总是会给这些亲人们写信，也总会在小济娜生日的时候，适时地送她有趣的礼物。对于他来说，尼兹庄园，这个留给他美好回忆的地方，同康德拉契耶夫一样，虽已离他而去，但是却永远在心中。

游历剑桥

1892 年 12 月，柴可夫斯基搬至法国东部的一个小镇蒙贝利亚尔，他在这里遇到了阔别四十多年的家庭教师芬妮·裘尔巴赫。故人相见，旧友重逢，往昔的一切都历历在目。记忆是上天给予的最好的恩赐，沉浸往事中，总会有美好的事情浮现。

柴可夫斯基在1893年元旦到达了蒙贝利亚尔·芬妮·裘尔巴赫的公寓。当芬妮出来开门的时候，柴可夫斯基突然就愣住了。虽然老师已经70岁了，可她依旧有着柴可夫斯基当年所佩服的气质和涵养。虽然他设想过千百遍故人重逢的场景，或悲或喜，可是等到真正相见，却没有太大的情绪波动。仿佛只是几天没有见面的邻居，坐下来一起唠唠家常。他们共同回忆着柴可夫斯基童年的时光，想起大家有趣的事情。这一刻，柴可夫斯基仿佛回到了自己的幼年，呼吸着故乡独有的空气的芳香，体会着家人给他的爱。但是，这充满温存的回忆立刻激起了柴可夫斯基积压已久的悲伤心理，他又开始想念妈妈和妹妹了。

1892年年底和1893年初举行的戏剧节，让柴可夫斯基有了很多次机会旅行演出，他在巴黎、华沙和汉堡等地，都指挥演奏了自己的作品。但是就算是不停地旅行，也没有让柴可夫斯基快乐起来；听着自己演奏的曲子，也没有让他感受到往昔的激动与兴奋。现在的他身心俱疲，也许是因为和幼时家庭教师的重逢唤起了他对往昔的思念，也许是故友的过世给了他生命不可承受之重。但是终归有一点，现在的柴可夫斯基已经不是那个充满激情的创作者了。

他现在开始思考人生，思考死亡，这种思考带给他的，除了恐惧，还有疲倦。

不久，他回到了俄国，在敖德萨指挥了他的作品音乐会。一连好几天的表演和应酬让他精疲力竭。敖德萨的欢迎活动对于他来说有些浩大，各界人士都盛情款待这位伟大的作曲家。画家库兹涅佐夫甚至给柴可夫斯基画了一幅肖像。画中的柴可夫斯基身穿黑色的礼服大衣，十分有魅力，右手放在一些摊开的乐谱上，紧缩双目，仿佛若有所思。这幅画极大地表现了柴可夫斯基对于音乐的执念和风度，也是他最喜欢的一幅肖像画。

回到克林以后，柴可夫斯基已经很难再提起兴趣干别的事情，但是有一件事不得不做，那就是《第六交响曲》。在旅行的途中他就已经构思好了一些细节，对于生命更深刻的理解让他不得不快马加鞭，去表现那些让他觉得应该用音乐来表达的东西。

在创作期间，他又在国内指挥了几场作品音乐会。这些音乐会都受到了当地人们的热烈欢迎。他还出席了青年作家谢尔盖·拉赫玛尼诺夫的歌剧《阿莱科》的首演。这个年仅 19 岁的小作曲家很受柴可夫斯基的赏识，柴可夫斯基也给了他许多建议，并亲自指挥了他所创作的《阿莱科》。柴可夫斯基对于下一代的关怀和照顾让这个青年作曲家感到了前路的温暖。

经过一系列的演出和对年轻作曲家的教育与提拔，柴可夫斯基的名声更大了。1893 年，英国剑桥大学决定授予柴可夫斯基荣誉音乐博士学位。这样的殊荣给了他无比的信心和欢喜，也让他圆了一个博士梦。同年 5 月底，柴可夫斯基前往伦敦，指挥演奏了自己的《第四交响曲》。人们在听到这首表现柴可夫斯基无比的才华的乐曲之后，对其更加赞不绝口。在欢迎晚宴上，沃尔特·达姆罗施和柴可夫斯基邻座，当他得知柴可夫斯基在创作《第六交响曲》时，十分兴奋，恳求柴可夫斯基可以在创作之后给他一份总谱，好让他能够在美国指挥演出。盛情之下，柴可夫斯基的精神得到了很大的鼓舞与支持。

在剑桥大学授予柴可夫斯基博士学位的音乐会上，他自己指挥演奏了幻想曲《里米尼的弗兰切斯卡》，观众们无不啧啧称奇。同柴可夫斯基一道被授予博士学位的还有德国作曲家马克思·布鲁赫、意大利作曲家阿里格·鲍依托、法国作曲家圣－桑、挪威作曲家爱德华·格里格。五位作曲家头戴着镶有金丝带的黑博士帽，身着红宽边的白长袍，接受了博士学位，之后又举行了香槟会和招待会。

但是，这个学位授予活动并没有给柴可夫斯基任何兴奋的感觉。他总是在想念着祖国，寝食难安。当他终于回到故土的时候，迎接他的却是朋友过世的消息，阿布莱希特和席洛夫斯基都在柴可夫斯基远赴伦敦的时候过世了。如果是前几年，柴可夫斯基一定会悲痛欲绝，但是经历了很多生离死别之后，他对死亡这件事情也已经木然了。相比于死亡，他更惧怕的是自己无法怀有勇气去面对生活中的苦难。这种心理，也直接促成了《第六交响曲》的诞生。

悲怆交响曲

在忙完诸多事情回到家后，柴可夫斯基终于在 1893 年的下半年系统地开始了《第六交响曲》的创作。之前所想的零碎片段都被他写了下来并一一实践，想着能够用一部曲子来表达自己此刻心中的悲怆。

晚年的柴可夫斯基无疑是不幸福的。他深爱的梅克夫人与他绝交、至亲亚历山德拉去世、同故友芬妮·裘尔巴赫老师的重逢都让他感到了或多或少的悲痛。回忆有甜蜜也有痛苦，但是当心中翻滚的都是悲痛的情绪时，任何回忆都会变得悲怆了吧。柴可夫斯基想着自己的过往，想着这些在生命里来来回回经过的人们，想着生离死别、骨肉分离，这些都给了他无限灵感。他决定，要用音乐，给自己的人生做一个总结。

在旅行期间，柴可夫斯基就已然打好了腹稿。常常是想着想着，就潸然泪下。不是他太过于感性，而是世间本就如此啊！要是没有太多的感触，谁会写出这么悲怆的曲目？在克林的家中，柴可夫斯基专心起草这部作品，他的创作热情很高涨，仅仅三天就写出了第一乐章。不仅如此，他还逐渐把之后的脉络都想清楚了。连他自己都对自己的创作能力感到惊叹！同时，他又开始为自己还未老去而感到欣喜了。

《第六交响曲》讲述的是柴可夫斯基自己的故事，也是他内心的自白，它成为了柴可夫斯基交响曲的鼎盛之作。大段大段的悲剧气氛不仅是他自己的生活历程，更是那个时代俄国知识分子与黑暗的命运抗争的过程。无尽的磨砺让这些人感受到了生活的艰难，也让柴可夫斯基自己充满了哀怨。这种哀怨完全表达在了《第六交响曲》中，巨大的伤感笼罩着每一个听过这首曲子的人。

《第六交响曲》共有四章，每一章的曲风和传达的情绪都有很大不同。第一章充满悲怆的情绪，这是一个经历了无数生离死别的老人内心的独白。也许在生命的尽头，当恐惧和不安充斥着老人的内心，当往事开始一点点回忆起来，那个沉睡了的疲乏的灵魂也许还想再一次爬起来重新振作。于是它斗争，它挣扎，它一点一点想要爬出这个衰弱的躯壳。但是斗争加剧了痛苦，每一次的扬手都会撕开更多的痛苦，每一次的展臂都会听到躯壳沉重的叹息。随着音符的渐渐衰弱，斗争的意志也渐渐消失，最终化为了一丝青烟，弥散在空气之中。

第二章则传达了欢快的情绪，是圆舞曲的节奏。这种欢快让人们首先想到的是天堂，是远方的理想世界。在经历了无数的悲伤情绪之后，一切的希望都寄托在了那远方看不到的天堂。人们幻想着，幻想着美好的景象，幻想着欢快的情绪。但是这毕竟是幻想，温柔的调子后面留下的是无尽的悲凉。幸福的幻想中夹杂着忧愁的呻吟，让人不得不想起第一章痛苦的景象。这个天堂只是幻想出来的，再美好的场景、再优美的舞蹈也无法掩盖这些悲凉。内心的悲怆在温柔的音色下逐渐显露了出来。

第三章给人们传达了一种强劲的感觉，是一个很急的快板。气氛上也十分紧张，给人一种庄严肃穆但又充满力量的感觉。在表现上用了音色的多样化来衬托一种神秘怪异的景象。怪诞的形象反复出现，忽而飞啸，忽而沉静。各种形象不断出现、消失、飞逝，让人们无法确定这些形象究竟是现实还是梦幻。这里表现了一种类似于生活的感觉，人生的洪流不断地涌入人们的心灵。其中的美好让人们感到快乐但是虚无，嘈杂的呻吟又是对美好背后的控诉，让人无法接受。进行曲中雄伟的生活力量冷酷无情，让人们感受到了一种冰冷的威胁。这里不仅表现了作曲家的内心，也充满了普通人内心的困惑与矛盾。

第四章是安魂曲，充满了悲哀柔和的感觉。同第一个乐章一样，表现的是对生命的绝望和悲伤。但是不同的是柔板更加温和，没有过多的冲突，有的只是一个绝望的风烛老人，饱受生活的摧残与打击，在生命的尽头对死神的妥协。抗争是徒劳的，但是又不想就这样被死亡掳去生命。最后吞噬一切的死亡悄然带走了所有生命力，一切都沉寂下来。乐曲的最后，在一串长音符过后，一切都安静了。

痛苦和悲伤在无尽的斗争中耗尽了力量，最后都被死神连同生命带走。从心中传递出来的沉寂使对于生活的热情和希望都消散，一切归于永恒的毁灭。

这种悲壮的感情不正是这个饱受痛苦的老人一生所能发出的最后的叹息吗！第一乐章主动的抗争，可不是仅仅做个样子；第三乐章更是用了吃奶的劲拼命一搏，虽然力不从心；但直到第四乐章，那颗绝望的心仍在顽强地跳动，鲜红的血液仍然在流淌。这颗饱受创伤的心灵也许在失去妹妹的时候就已经停息了，但它又跳动到了《第六交响曲》中作了最后一搏。此时，虽然柴可夫斯基感到自己时日不多，但也绝未料到这将是他的“最后一搏”。

《第六交响曲》在 1893 年 8 月 19 日完稿，柴可夫斯基在交付出版之前，把这部交响曲命名为“悲怆交响曲”，并把它交给自己的外甥达维多夫。柴可夫斯基在完稿后不禁松了一口气：“我的一生从来没有这样满足过，我确实完成了我自己的一件好东西。”“我知道这部作品是顶忠实的，我爱它；我过去的作品，我是绝对不爱的。”《悲怆交响曲》首演定在了 10 月 16 日，由作曲家本人亲自指挥。演出过后，每个听过它的人都对这首悲壮的交响曲表现出了极大的同情。他们听到的，就是自己的一生，就是自己悲剧的写照。它引起人们对那个黑暗的、惨无人道的制度的永久的怀疑，从而激励人们为自由、光明、美好的生活而奋斗。

例 156

《悲怆交响曲》曲谱

一杯水的谜团

《第六交响曲》的首演并没有非常受欢迎，众多出席首演的作曲家们都认为这部交响曲并没有柴可夫斯基之前的作品好。但是随着演出次数的增多，人们逐渐明白了乐曲中的悲怆和苍凉。许多音乐作品都是这样，在没有把自己的内心融入曲调中时并不会感受到什么特殊的情感，但是一旦感受到了其中的美妙，那么用任何言语来形容都会是苍白的。

1893 年 10 月 18 日那天，柴可夫斯基参加了歌剧协会的《叶甫根尼·奥涅金》的总排练，晚上又去了马林斯基剧院观看了演出，19 日又参加了歌剧《玛卡维依》的排练。这两天，柴可夫斯基又说了许多关于近期要修改《禁卫军》和《奥尔良的少女》的总谱的事情。

20 日，在得到了《禁卫军》总谱之后，外甥里特凯陪柴可夫斯基散步、聊天，然后一起去了他曾经的爱慕者薇拉家吃午饭。晚上他们又去观看了奥斯特洛夫斯基的话剧《火热的心》，散场以后，柴可夫斯基同一起看戏的英杰斯特和几个外甥一起到了列依涅拉饭店吃饭。订好饭菜之后，柴可夫斯基向招待员要一杯水，但是侍者说：“对不起先生，我们这里没有开水了。”于是柴可夫斯基说：“那就要一杯生水吧，凉一些就可以了。”大家都劝柴可夫斯基不要喝生水。英杰斯特说：“现在城里正在流行霍乱，生水里面会有脏东西的，所以还是不要喝生水了。”但是等到水端过来之后，柴可夫斯基说：“我还是习惯喝生水的，不用担心。”于是他不顾大家的劝阻，把一杯生水喝了下去。

但是柴可夫斯基并没有像自己预想的那样没有事情。当晚，他就感觉很不舒服，整夜没睡。本来想着早晨吃点东西会好些，但是他早晨几乎没有什么食欲，什么也没有吃。他一如既往地工作，但是明显气色没有以前好了。他之前也常常有胃疼的毛病，所以也没有把自己不舒服的事情放在心上。英杰斯特要去请医生，但是被柴可夫斯基拦住了：“我经常也会胃疼，所以不要担心。不会是什么重病的。”于是英杰斯特就被柴可夫斯基支走去做自己的事情了。当天下午，格拉祖诺夫应邀来看望柴可夫斯基，但是眼前的这个老头儿和之前所见到的那个精神奕奕的作曲家大有不同。此时的柴可夫斯基脸色特别不好，明显是得了什么病。柴可夫斯基对格拉祖诺夫说："我想自己待一会儿，也许是我真的得了霍乱，你还是先走吧。"

当英杰斯特忙完了自己的事情之后，他发现柴可夫斯基很难受地蜷缩在自己的床上，病情已经相当严重了，于是他赶忙去找自己的家庭医生别尔金森，可是别尔金森也不能确诊柴可夫斯基的病情，于是他找来了自己经验丰富的兄弟一同会诊，确定了柴可夫斯基得的就是霍乱。

即使医生和亲人们都在竭力挽救柴可夫斯基的生命，但是他还是没能逃离死神的魔爪。就在柴可夫斯基患病的第三天，他开始肾衰竭，无论是什么方法都不能遏制病情了。现在的他们只能向上帝祷告，祈求晚一些带走这个大作曲家。然而上帝并没有眷顾这个天才，10 月 25 日凌晨 3 点，柴可夫斯基终于停止了呼吸，结束了苟延残喘的生命，同时也结束了无尽的苦难、悲伤和美好。同他的《悲怆交响曲》一样，生命就在不断衰弱的挣扎中渐渐消逝了。

连与柴可夫斯基最亲近的英杰斯特也想不到，就这样小小的一杯水，却给这位大作曲家带来了死神。也许这就是天意，当柴可夫斯基还以为自己可以重新一搏之时，生活就给了他最沉重的一次打击，带走了这颗不断跳动的内心。

10 月 25 日，各界人士聚集在柴可夫斯基的住所门前，准备和这位伟人进行最后的道别。人们一个个经过柴可夫斯基遗体的身边，含泪向他鞠躬或者呢喃，呢喃着柴可夫斯基的好。柴可夫斯基的遗体依旧是那么潇洒，着一身笔挺的黑西服安卧在灵台上，接受着人们充满悲痛的花环。但是他的脸上再也没有了光泽，也没有了往日犀利的眼神。此刻，怀着巨大悲哀前来告别的人们停留在柴可夫斯基的遗体前，久久不愿散去。遗体告别会持续了两天，前来吊唁的人们都是受过柴可夫斯基感染或者帮助的人。显然，人们的爱也无法更改伟人已死这个事实。人们的泪水伴着雨水送了他最后一程。

圣彼得堡和莫斯科开始争夺这位伟人的安葬地了，因为他死在了圣彼得堡但是却住在莫斯科。亚历山大三世解决了这个争论，下令把柴可夫斯基葬在了圣彼得堡亚历山大・涅夫斯基教堂公寓，并且全部费用都由皇室承担。这无疑是最大的荣誉，在他之前只有普希金得到过这种殊荣。

10 月 28 日，在圣彼得堡举行了柴可夫斯基的安葬仪式。就这样，这位伟大的艺术家走完了自己的一生。一个星期之后，《第六交响曲》响彻圣彼得堡贵族会议大厅。悲哀的乐声在人们的耳旁萦绕，人们听到了他的不舍、他的渴望、他对人生的绝望和希望。在强劲的音符中，人们再也抑制不住内心的感情，都在痛哭，以至于把乐章都淹没了。这部作品真正成为了柴可夫斯基最后的告别，他向人们诉说和表达着，换来的是人们的悲鸣。柴可夫斯基的亡灵终于在这真诚的哭声中找到了慰藉。

就这样，《悲怆交响曲》成为了最后的悲歌，而这位伟大的音乐家彼得·伊里亚·柴可夫斯基，将永远在音乐史上熠熠生辉。

柴可夫斯基墓碑

附录： 柴可夫斯基年谱

1840 年　5 月 7 日，在俄国沃特金斯克冶金工厂厂长伊里亚·彼得洛维奇·柴可夫斯基的家中诞生了排行第三的儿子——彼得·伊里亚·柴可夫斯基。

1845 年　11—12 月，开始随帕里契柯娃学钢琴。

1850 年　8 月，随母前往圣彼得堡。9 月入读法律学校。

1852 年　5 月，举家迁至圣彼得堡。

1854 年　7 月，母亲去世。

1855 年　开始随 A. B. 居恩丁格尔学钢琴，学习数字低音和声。

1857—1858 年　写作浪漫曲《我的天才，我的天使，我的朋友》。

1859 年　5 月，从法律学校毕业。6 月，任司法部九等文官。

1861 年　担任工程师皮萨辽夫的议员，开始就学于俄罗斯音乐协会音乐班（随 H. N. 扎列巴学乐理）。

1862 年　9 月，入读以俄罗斯音乐协会音乐班为基础而新建的圣彼得堡音乐学院（随扎列巴学和声及对位，随安东·鲁宾斯坦学乐器法和作曲）。10 月，结识俄国音乐批评家拉罗恰。

1863 年　3—4 月，担任音乐会钢琴伴奏。5 月辞去司法部官职。后执教钢琴和原理。12 月，在俄罗斯音乐协会的交响音乐会上听到格林卡《鲁斯兰与柳德米拉》歌剧序曲，印象深刻。

1864 年　根据 A. H. 奥斯特洛夫斯基的戏剧写作《暴风雨》序曲。

1865 年　夏，用法语翻译 F. O. 格瓦尔特的《乐器法指南》。8 月，管弦乐《性格舞曲》在巴甫洛夫斯克演出。11 月 14 日，首次以指挥身份指挥为小型乐队而作的《F 大调序曲》。12 月 29 日，大合唱《欢乐颂》（席勒诗）在圣彼得堡音乐学院毕业音乐会上公演。12 月 31 日，音乐学院毕业，荣获银质大奖章。

1866 年　1 月 5 日，应聘为俄罗斯音乐协会莫斯科分会音乐班教师，迁居莫斯科。1 月 10—18 日，与尼古拉·鲁宾斯坦的友谊开始。拜访奥斯特洛夫斯基和尼古拉·鲁宾斯坦建立的艺术家小组。4 月 4 日，为大型管弦乐团创作的《F 大调序曲》（手稿）在莫斯科演出（尼古拉·鲁宾斯坦指挥）。7 月，写作《第一交响曲》过度劳累，导致神经疾患。11 月 11 日，在莫斯科音乐学院庆典上用钢琴演奏格林卡《鲁斯兰和柳德米娜》歌剧序曲。12 月 10 日，在莫斯科演出第一交响曲之谐谑曲（尼古拉·鲁宾斯坦指挥）。

1867 年　12 月，在为法国作曲家柏辽兹举行的隆重宴会上以法语演讲，结识俄国艺术学家 B. B. 斯塔索夫。

1868 年　1 月，在莫斯科结识俄国作曲家、指挥家米·阿·巴拉基列夫。2 月 3 日，《第一交响曲》在莫斯科首演（尼古拉·鲁宾斯坦指挥）。3 月 10 日，在《当代年鉴》上发表第一篇乐评（关于里姆斯基－科萨科夫的《塞尔维亚幻想曲》）。3—4 月，在圣彼得堡会晤“强力集团”的作曲家；拜访俄国作曲家 A. C. 达尔戈梅日斯基；与法国女歌唱家阿亚托恋爱。

1869 年　1 月 30 日，歌剧《总督》在莫斯科大剧院上演。2 月 15 日，交响诗《命运》在莫斯科首演（尼古拉·鲁宾斯坦指挥）。8 月 6 日，歌剧《水仙女》交予皇家剧院经理处（未获上演）。

1870 年　3 月 16 日，幻想序曲《罗密欧与朱丽叶》在莫斯科首演。6 月，赴曼海姆参加贝多芬 100 周年诞辰音乐节。12 月 18 日，在莫斯科演出歌剧《水仙女》中的《埃尔弗女神的合唱》（尼古拉·鲁宾斯坦指挥）。

1871 年　在莫斯科举行作品慈善音乐会（节目有第一弦乐四重奏、钢琴曲、浪漫曲等）。11 月，开始与《当代年鉴》合作，担任音乐评论员。

1872 年　5 月 31 日，在莫斯科综合技术展览会开幕典礼上演出为彼得大帝诞生 200 周年而作的大合唱。

1873 年　1 月 26 日，《第二交响曲》在莫斯科首演（尼古拉·鲁宾斯坦指挥）。2 月 11 日，为奥斯特洛夫斯基的诗剧《雪姑娘》所写的配乐在莫斯科剧院首演。12 月 7 日，交响幻想曲《暴风雨》在莫斯科首演（尼古拉·鲁宾斯坦指挥）。

1874 年　3 月 10 日，《第二弦乐四重奏》在莫斯科首演。4 月 12 日，歌剧《禁卫军》在圣彼得堡马林斯基剧院首演。11 月 22 日，歌剧《铁匠瓦库拉》序曲在莫斯科演出（尼古拉·鲁宾斯坦指挥）。

1875 年　5 月 4 日，歌剧《禁卫军》在莫斯科大剧院首演。10 月 13 日，《第一钢琴和管弦乐协奏曲》由德国钢琴家汉斯·冯·标罗在波士顿首演。11 月 7 日，《第三交响》曲在莫斯科首演（尼古拉·鲁宾斯坦指挥）。

1876年　1月13日，《第一弦乐四重奏》在波士顿演出。2月，终止与《当代年鉴》合作。8月，前往罗伊特参观瓦格纳音乐节；会见瓦格纳和李斯特。11月24日，歌剧《铁匠瓦库拉》在圣彼得堡马林斯基剧院首演。11月30日（12月12日），幻想曲《罗密欧与朱丽叶》在维也纳演出。12月，结识列夫·托尔斯泰；开始与梅克夫人通信。

1877年　2月25日，芭蕾舞剧《天鹅湖》在莫斯科大剧院首演。7月，与米柳柯娃结婚。

1878年　2月22日，《第四交响曲》在莫斯科首演（尼古拉·鲁宾斯坦指挥）。10月2日，脱离莫斯科音乐学院。

1879年　3月17日，歌剧《叶甫根尼·奥涅金》在莫斯科小剧院由莫斯科音乐学院的学生演出（尼古拉·鲁宾斯坦指挥）。

1880年　12月6日，《意大利随想曲》在莫斯科首演（尼古拉·鲁宾斯坦指挥）。

1881年　1月11日，歌剧《叶甫根尼·奥涅金》在莫斯科大剧院演出。

1881　年1月11日，歌剧《叶甫根尼·奥涅金》在莫斯科大剧院首演。2 月 13 日，歌剧《奥尔良少女》在圣彼得堡马林斯基剧院首演。

1882 年　1 月 16 日，在莫斯科演出弦乐小夜曲。5 月 18 日，第二钢琴和管弦乐协奏曲在莫斯科首演。7 月 16 日，歌剧《奥尔良少女》在布拉格首演。10 月 18 日，三重奏《纪念一位伟大的艺术家》首演。

1883 年　10 月 22 日，庆典序曲《1812 年序曲》在莫斯科演出。

1887 年　1 月 19 日，歌剧《女靴》在莫斯科大剧院首演（柴可夫斯基指挥）。3 月 15 日，巴黎举行柴可夫斯基作品专场音乐会。11 月 14 日，第四管弦乐组曲《莫扎特风格》在莫斯科首演（柴可夫斯基指挥）。

1888 年　3 月，环欧巡回演出（莱比锡、汉堡、柏林、布拉格、巴黎、伦敦）（柴可夫斯基指挥）。11 月 5 日，《第五交响曲》在圣彼得堡首演（柴可夫斯基指挥）。11 月 10 日，《哈姆雷特》序曲在圣彼得堡首演（柴可夫斯基指挥）。12 月 6 日，歌剧《叶甫根尼·奥涅金》在布拉格上演（柴可夫斯基指挥）。12 月 17 日，《暴风雨》在俄罗斯交响音乐会演出（柴可夫斯基指挥）。

1889 年　3 月，第二次出国巡回演出（克隆、法兰克福、德累斯顿、柏林、日内瓦、汉堡、伦敦）结识J. 勃拉姆斯。4月25日，在巴黎举行柴可夫斯基作品音乐会。11月19、20日，在圣彼得堡指挥安东·鲁宾斯坦作品音乐会以纪念其从事艺术活动50周年。

1890年　1月15日，芭蕾舞剧《睡美人》在圣彼得堡马林斯基剧院首演。1月19日—6月6日，创作歌剧《黑桃皇后》（共44天）。11月，圣彼得堡音乐学院庆祝柴可夫斯基从事艺术活动25周年。12月6日，歌剧《黑桃皇后》在圣彼得堡马林斯基剧院首演。12月17日，歌剧《黑桃皇后》在基辅公演，柴可夫斯基出席。12月，与梅克夫人通信终止。

1891年　2月9日，为莎士比亚《哈姆雷特》配乐演出（圣彼得堡米哈依诺夫剧院）。3月24日，巴黎举行柴可夫斯基个人作品音乐会（柴可夫斯基指挥）。4—5月，赴美旅行演出（纽约、巴尔的摩、费城），在纽约指挥卡内基厅开幕音乐会。11月4日，歌剧《黑桃皇后》在莫斯科大剧院演出（柴可夫斯基指挥）。12月21、22日莫斯科举行柴可夫斯基作品音乐会（柴可夫斯基指挥）。

1892年　1月2日，华沙举行柴可夫斯基作品音乐会（柴可夫斯基指挥）。1月7日，歌剧《叶甫根尼·奥涅金》

在汉堡演出。4 月，迁往克林。11 月 30 日，歌剧《黑桃皇后》在布拉格演出。11 月，当选巴黎高雅艺术研究院通信院士。11 月 25 日，六重奏《佛罗伦萨回忆》在圣彼得堡室内乐协会首演。12 月 6 日，歌剧《约兰塔》和芭蕾舞剧《胡桃夹子》在莫斯科音乐会上举行首演。

1893 年　1 月 16 日，奥德萨举行柴可夫斯基作品音乐会（柴可夫斯基随机指挥）。1 月 21 日，为救济奥德萨丽舍列夫斯基中学贫困学生，参与指挥音乐会。2 与 4 日，开始创作《第六交响曲》。3 月 7 日，指挥芭蕾舞组曲《胡桃夹子》在莫斯科演出。8 月 19 日，《第六交响曲》完成。5 月 20 日，在伦敦演出《第四交响曲》（柴可夫斯基指挥）。6 月 1 日，当选剑桥大学荣誉博士。10 月 16 日，《第六交响曲》在圣彼得堡首演（柴可夫斯基指挥）。10 月 21 日，传出重病消息。10 月 25 日，在圣彼得堡逝世。10 月 28 日，被永远葬在圣彼得堡亚历山大·涅夫斯基公墓。

附录： 参考书目

1.《音乐百科全书》，苏联，1984 年。

2.《俄罗斯音乐之魂——柴可夫斯基》，毛宽宇，人民音乐出版社，2003 年。

3.《柴可夫斯基》，李怀东，辽海出版社，1998 年。

4.《从悲怆到天鹅湖——柴可夫斯基代表性作品的欣赏与分析》，钱释如、吴心柳，台湾乐友书房，1965 年。

5.《第三座音乐丰碑——柴可夫斯基》，江山、江镕，北方妇女儿童出版社，2002 年。